구안록
求安錄

求安錄
KYUANROKU
by KANZO Uchimura

Copyright ⓒ KANZO Uchimura 1893
All rights reserved.

구안록
우치무라 간조 지음 | 양현혜 옮김

1판 1쇄 발행 2016. 4. 7. | **1판 4쇄 발행** 2025. 2. 20. | **발행처** 포이에마 | **발행인** 박강휘 | **디자인** 안희정 | **등록번호** 제 300-2006-190호 | **등록일자** 2006. 10. 16. | 서울특별시 종로구 북촌로 63-3 우편번호 03052 | 마케팅부 02)3668-3260, 편집부 02)730-8648, 팩스 02)745-4827

값은 뒤표지에 있습니다. ISBN 979-11-5809-045-6 03230 | 독자의견 전화 02)730-8648 | 이메일 masterpiece@poiema.co.kr | 좋은 독자가 좋은 책을 만듭니다. | 포이에마는 독자 여러분의 의견에 항상 귀를 기울이고 있습니다.

우치무라 간조
內村鑑三

참 평안을 얻기까지

구안록

양현혜 옮김

求安錄

포이에마

나는 죄라는 이 엄청난 문제를
누군가에게 의지해 해결할 수 있는 것이 아님을 알았다.
나는 이 문제를 혼자서 풀어보려고 결심했다.
사람은 죄로부터 벗어날 수 있을까.
만일 벗어날 수 있다면 그 방법은 무엇일까.

차례

서문을 대신하여 9

제1부

비탄 _ 산다는 것   12

마음의 분리 _ 밝음과 어둠   15

탈죄술脫罪術 _ 죄에서 벗어나는 법   32

신학교 _ 악마의 가장 좋은 표적   61

망죄술忘罪術 _ 죄를 잊는 법   70

제 2 부		
죄의 원리 _ 하나님을 떠나는 것	94
기쁜 소식 _ 그리스도의 부활	112
신앙 이해 _ 온전한 믿음으로	117
낙원 회복 _ 그리스도의 재림으로	130
속죄 원리 _ 그리스도의 죽으심으로	161
최종 문제 _ 평안을 얻는 길	197

해제 죄의 실재를 극복하는 법 _ 양현혜 교수   200
우치무라 간조 연보   230

일러두기

1. 본문에서 인용한 성경 구절은 대한성서공회에서 펴낸 공동번역성서 개정판을 따랐으며, 다른 번역을 인용한 경우에는 따로 표기했습니다.

2. 독자 이해를 돕기 위한 편집자 주는 '•'와 같은 약물로, 저자의 각주는 '1)'와 같이 번호로 표기했습니다.

3. 괄호 없이 병기된 한자는 오독을 지양하기 위한 것이고, 괄호 안의 한자는 일본어를 병기한 것입니다.

서문을 대신하여

입을 벌려 내면의 모든 것을 다 드러내어 보여주는 석류.

_ 마쓰오 바쇼(松尾芭蕉)

네가 나에게 다시 돌아오거든 형제들에게 힘이 되어다오.

_ 그리스도(눅 22:32)

나는 이 희망을 이미 이루었다는 것도 아니고 또 이미 완전한 사람이 되었다는 것도 아닙니다. 다만 나는 그것을 붙들려고 달음질칠 뿐입니다. 그리스도 예수께서 나를 붙드신 목적이 바로 이것입니다.

형제 여러분, 나는 그것을 이미 붙들었다고 생각하지 않습니다. 다만 나는 내 뒤에 있는 것을 잊고 앞에 있는 것만 바라보면서 목표를 향하여 달려갈 뿐입니다. 하느님께서는 그리스도 예수를 통하여 나를 부르셔서 높은 곳에 살게 하십니다. 그것이 나의 목표이며 내가 바라는 상입니다.

_ 바울(빌 3:12-14)

도히 다쿠마바루(東肥託摩ヶ原) 숙소에서

우치무라 간조

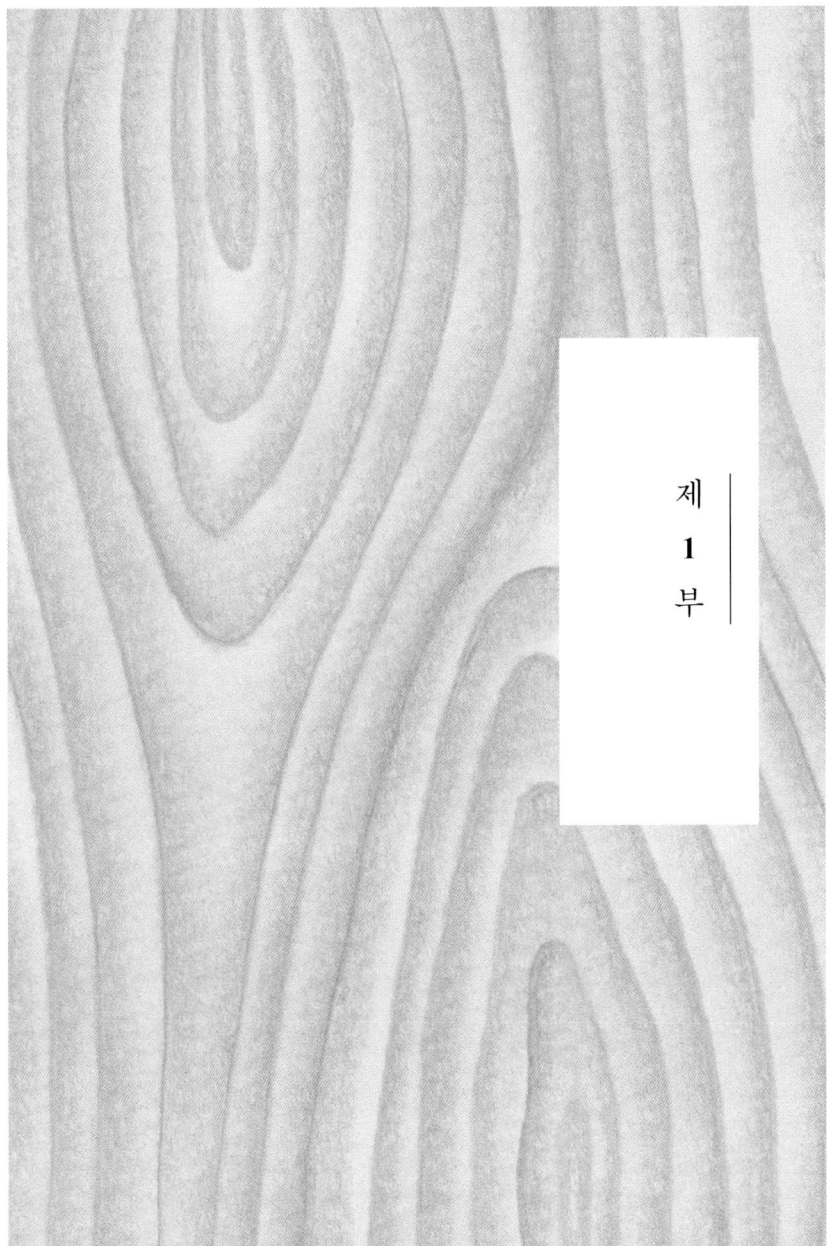

제 1 부

비탄

산다는 것

인간은 죄를 지어서는 안 되지만 죄를 짓는다. 정결해야 할 의무와 능력이 있음에도 그렇게 살지 못한다. 천사가 될 자격을 가지고 있으나 때론 금수의 자리까지 추락하고 만다. 올라가면 천상의 사람으로, 내려가면 지옥의 악귀로도 살 수 있다. 무한한 영광과 무한한 타락, 그 어떤 경지에도 이를 수 있다. 인간은 그가 사는 지구처럼, 최고와 최저라는 양 극점 사이에 존재한다.

내려가기는 쉬워도 올라가기는 어렵다. 내려가려면 양심의 가책을 받고, 올라가려면 '육체의 욕정(肉慾)'이 방해한다. 내가 원하는 것은 하지 아니하고 오히려 혐오하는 것을 행한다. 이러한 두 개의 나로 이루어진 나는 나와 또 다른 내가 끊임없이 싸운다. 참으로 인간의 일생은 싸움의 일생이다. 지난날 세네카가 친구 루시리우스에게 보낸 편지에 이렇게 썼다.

친애하는 루시리우스, 내게 산다는 것은 싸움이다.

누가 인생이 즐겁다고 말하는가. 단 하루도 평온한 날이 없었다. 내 마음은 세키가하라(関ヶ原)* 전투나 워털루 전투 같은 큰 싸움을 매일 치른다.

존 버니언John Bunyan은 가끔 개나 고양이의 신세를 몹시 부러워했다. 인간이 겪는 싸움을 모르기 때문이라는 것이다. 인간은 저마다 불만을 가지고 있다. 인간은 부자가 되면 만족하리라 생각한다. 하지만 부유해져도 그는 평안을 얻지 못한다. 착한 아내와 살면 만족하리라 생각한다. 그러나 행복한 가정을 이루

- 지금의 기후현 이부끼 산록에 펼쳐져 있는 좁은 분지. 도요토미 히데요시 정권을 지켜왔던 오봉행(伍奉行)의 한 명인 이시다 미쓰나리를 주축으로 한 8만의 서군(西軍)과 도쿠가와 이에야스를 중심으로 한 10만의 동군(東軍)이 싸운 격전지로, 이 싸움에서 이긴 이에야스는 전국의 지배권을 획득하고 260년에 걸친 에도시대를 열었다.

어도 그는 여전히 만족하지 못한다. 인간은 내면의 결핍을 인식하지 못한 채 늘 외부에서 만족을 찾는다. 자신의 적이 실은 자기 자신인데, 이를 알지 못하고 내면의 고통의 원인을 외부에서 찾는다. 내 안의 싸움과 갈등은 어디에서 오는가. 내 육신의 욕심에서 비롯된 것이다(약 4:1). 그렇다. 창조 때부터 지금까지의 모든 싸움과 갈등의 원인을 찾아보라. 그 모두가 욕심의 다툼이요, 자신의 불만을 타인에게 전가한 것이 아닌가. 시어도어 멍어* 박사는 이렇게 말했다.

이 세상의 불만은 하나님을 찾는 소리 없는 외침이다.

우리는 하나님을 만날 때 비로소 안식을 얻을 수 있다. 세상은 최대의 행복을 찾고 있으나 아직 그 최대의 행복이 무엇인지는 모른다. 존 웨슬리의 말을 다시 한 번 생각해보자.

무엇보다 가장 좋은 것은 하나님이 우리와 함께하시는 것이다.

• 시어도어 멍어(Theodore Thornton Munger, 1830-1910). 미국 회중교회의 유명 목회자이자 시정개혁의 실천적 지지자였다.

마음의 분리

밝음과 어둠

내가 처음 기독교를 접했을 때,* 그 도덕이 고결하고 위엄 있음에 감복했다. 이로 인해 나의 불결함과 불완전함을 깨닫게 되었다. 성서의 이상에 내 언행을 비추어보니 참으로 견딜 수 없이 더러웠다. 진흙탕에서 나뒹굴고 있는 나를 발견한 것이다. 고의로 남을 속이면서도 내가 죄인인 줄 몰랐고 거짓말을 하고

---

* 이 책에 있는 역자의 해제와 《우찌무라 간조 회심기》(홍성사)를 참조하라.

도 조금도 개의치 않았다. 남의 실수를 기뻐했고 다른 사람을 짓밟고서라도 성공하기를 원했다. 높은 명성과 부를 쌓는 데 삶의 목적을 두었고, 애국한다고 호언장담하면서 내 야망을 채우기 급급했으며, 다른 사람의 냉혹함과 비굴함을 질책하면서도 그들이 손해보길 원했고, 성인군자처럼 보이고 싶어 했으나 실제 삶은 비열했다. 내 삶의 목표는 비루했고 내 사상은 천박했다. 이런 나 자신을 되돌아보면 너무나 부끄러워 신이나 사람 눈에 띄지 않도록 어디 쥐구멍이라도 있으면 들어가 숨고 싶었다.

그러나 뒤늦은 후회는 부질없고 오늘부터 자기를 고쳐 선한 사람이 되면 그만이다. "하늘에 계신 아버지께서 완전하신 것 같이 너희도 완전한 사람이 되어라"(마 5:48). 나는 단단히 결심했다. "지금부터 내 언행을 완전히 고치리라. 두 번 다시는 거짓말하지 않겠다. 결코 남을 평가하거나 흉보지 않겠다. 정욕을 억제하겠다. 게으르지 않겠다. 원한은 덕으로 갚고 공명심은 그 근원부터 제거하여 겸손한 사람이 되겠다. 술도 담배도 연극도 그만두겠다. 교만하지 않겠다. 주일도 거룩히 지키겠다"라고. 나는 전면적인 개혁을 선언했다. 혼자 결심하는 것으로 모자라 친구들에게 선언하고 하늘과 땅에 맹세하고 회중들에게 약속했다. 흠 없는 온전한 삶을 살기로 결단한 것이다. 스승님은 이 말을 듣고 기뻐하셨고, 친구들 역시 내 결단을 축하해줬다. 나는 내가 새사람이 되었다고 생각했다.

굳게 결심한 후에는 이 마음이 다시는 흔들리지 않을 것이라 생각했다. 나는 한두 달간 결심한 바를 실행에 옮겼다. 참으로 새로운 사람이 되었다. 사람들은 내가 마음을 단단히 고쳐먹었다고 생각했고, 나 역시 그렇게 생각했다. 나는 하나님이 내 가까이 계심을 느꼈다. 아침저녁으로 드리는 기도는 길고도 열렬했다. 말수는 줄었고 매사에 진중해졌다. 이러한 변화는 내 친구들조차 거북해할 정도였다. 어제까지 떠버리였던 내가 묵언 수행자가 되었으며, 말할 때마다 눈물이 그렁거렸고 성서 구절을 줄줄이 인용하였다. 쉬지 않고 기도했고 쉬지 않고 찬미했다. 참으로 순수한 성인이 된 것 같았다. 하나님과 동행했던 에녹처럼.

그러나 인위적 거룩함은 그리 오래가지 못했다. 얼마 지나지 않아 나의 언행은 뒷걸음치기 시작했다. 나의 근신은 친구들의 혐오의 대상이 되었을 뿐만 아니라 나 자신도 얼마 지나지 않아 부자연스럽고 고통스러웠다. 약간의 방종이 어찌 신앙에 방해가 되는가, 침묵은 우울증을 불러올 위험이 있다, 항상 돌부처처럼 지낼 수는 없는 노릇이다라는 식으로 경계심이 조금씩 풀리자 모든 게 허물어지고 말았다. 석 달도 채 못가서 결심하기 이전의 나로 돌아가고 말았다. 이제 내가 기독교 신자라는 증거는, 냉랭한 상태로 일요일에 교회 나가는 것과 억지로 아침저녁으로 머리 숙여 의미도 없는 기도를 중얼거리는 것에 불과했다.

그러나 영원한 생명을 간직한 내 심령은 성경 말씀에 찔리지 않을 수 없었다. "남을 판단하지 마라. 그러면 너희도 판단 받지 않을 것이다"(마 7:1). 아! 이것은 남을 흉보지 말라는 교훈 아닌가. 친구를 만나 은밀하게 남을 비판하는 것을 제일의 낙으로 삼고, 특히 저 목사, 이 신도의 결점을 찾아내 험담을 했으니, 이는 성서의 가르침에 어긋나는 일이요, 일반 도덕에도 명백히 위반되는 행실이었다. 말 많은 것에 대해 성서는 다음처럼 경계한다.

내 형제 여러분, 여러분은 저마다 선생이 되려고 하지 마십시오. 여러분도 알다시피 우리 가르치는 사람들은 더 엄한 심판을 받게 됩니다. 우리는 모두 실수하는 일이 많습니다. 말에 실수가 없는 사람은 온몸을 잘 다스릴 수 있는 완전한 사람입니다. 말은 입에 재갈을 물려야 고분고분해집니다. 그래야 그 말을 마음대로 부릴 수가 있습니다. 또 배를 보십시오. 거센 바람의 힘으로 움직이는 크디큰 배라도 아주 작은 키 하나로 조종됩니다. 그래서 키잡이는 자기가 원하는 방향으로 그 배를 마음대로 몰고 갈 수 있습니다. 이와 같이 혀도 인체에서 아주 작은 부분에 지나지 않지만 엄청나게 허풍을 떱니다. 아주 작은 불씨가 굉장히 큰 숲을 불살라버릴 수도 있습니다. 혀는 불과 같습니다. 혀는 우리 몸의 한 부분이지만 온몸을 더럽히고 세상살이의 수레바퀴에 불을 질러 망쳐버리는 악의 덩어리입니다. 그리고 혀 자체도 결국 지옥 불에 타버리고 맙니다. 인간은 모든 들짐승과 새와 길짐승과 바다의 생물들을 길들일 수 있고 또 지금까지 길들여왔습니다. 그러나 사람의 혀를 길들일 수 있는 사람은 아무도 없습니다. 혀는 휘어잡기 어려울 만큼 악한 것이며 거기에는 사람을 죽이는 독으로 가득 차 있습니다. 우리는 같은 혀로 주님이신 아버지를 찬양하기도 하고 하느님의 형상대로 창조된 사람들을 저주하기도 합니다. 같은 입에서 찬양도 나오고 저주도 나옵니다. 내 형제 여러분, 이래서는 안 되겠습니다 (약 3:1-10).

이 구절을 볼 때마다 내 양심은 예리한 송곳에 찔리는 것 같다. "웅변은 은이고 침묵은 금이다." 귀가 둘이고 입이 하나인 것은 두 번 듣고 한 번 말하라는 뜻이다. "두 번 생각하고 한 번 말하라." 어리석은 대중의 백 마디가 현명한 사람의 한 마디에 미치지 못한다. 나의 불완전함과 우매함은 내가 내 입을 통제하지 못하는 데서 명확히 드러난다. 나의 말 많음을 고치지 못한다면 내 기독교가 무슨 소용이 있겠는가. 마귀 역시 그렇게 믿고 떨었다(약 2:19). 나는 이렇게 명백한 기독교의 가르침을 어기면서 세상 사람들에게는 죄를 참회하라고 강권했고 하나님의 심판을 설교했으니, 이보다 더한 철면피가 있을 수 있을까. 그렇다. 나는 확실히 크나큰 위선자다. 내 행실을 고치기 전에 무슨 면목이 있어 다른 사람들 앞에서 기독교를 입에 담을 수 있겠는가.

성서는 "자기 형제를 미워하는 자는 누구나 다 살인자입니다. 여러분이 아시다시피 살인자는 결코 영원한 생명을 누릴 수 없습니다"(요일 3:15)라고 말한다. 처음 이 구절을 읽었을 때 나는 심히 가혹하다고 생각했다. 그러나 그 뜻을 깊이 새길수록 참으로 타당하다고 여겨졌다. 가인은 동생 아벨을 미워하다 끝내 살인하고 말았다(창 4장). 살인죄가 증오의 결과임을 역사와 사실이 증명한다. 따라서 하늘이 사람을 심판할 때는 죄의 결과가 아니라 그 결과를 낳은 동기를 본다. 하나님 보시기에는 의

지적으로 했는가 안 했는가는 그리 중요하지 않다. 증오하는 마음이 표출되어 살인을 하고 안 하고는 교육이나 환경, 또는 유전적 성향 등에 따라 달라질 수 있다. 옛날 폭군들처럼 그들을 제어하는 율법이나 사회의 제재가 없거나 그들을 두렵게 할 종교가 없을 때는 자기가 미워하는 자를 죽일 수도 있었다. 일찍이 존 버니언은 사형장으로 끌려가는 죄수를 가리켜 "하나님의 은혜가 없었다면 저 죄인은 바로 나였다"라고 했다. 내게 증오심이 있는 한 나에게는 살인죄를 범할 위험이 있다. 그러니 하나님의 심판대 앞에서 살인죄를 선고 받는다 해도 무엇으로 나를 변호할 것인가. 나의 영혼이여, 너는 남을 미워한 적 없는가. 너는 지금 누구를 미워하고 있지 않은가. "형제를 미워하는 자마다 살인하는 자다"(요일 3:15). 너 살인자여, 네가 어떻게 너의 죄에서 벗어나길 바라는가.

성서는 말했다. "여인을 보고 음욕을 품는 사람은 누구나 이미 마음으로 그 여인과 간음한 것이다." 이 기준으로 재판하면 성인 남성 중 누가 간음죄에서 자유로울 수 있겠는가. "내게서 물러나라, 너 간음한 자여!"라는 여호와의 선고는 우리 모두가 받아야 마땅하다. 남의 음행을 적발한다 해도 이미 자기 마음에 깊이 뿌리 내린 간음병은 어찌할 것인가. 인간은 다른 사람의 중병을 보며 자기는 그런 병이 없다고 믿고 싶어 한다. 보라, 세상에서 풍기문란을 적발하는 데 가장 열심인 사람은 대개 그 자신이 패덕한 사람이다. "나는 세리처럼 백성을 괴롭히지 않았다"라며 하나님 앞에서 무죄를 주장하는 바리새인의 마음이 바로 우리 모두의 마음이다. 타인의 유죄가 내 무죄를 증명하지 않는다. 자기 마음속에 매독균을 배양하고 있으면서 다른 매독 환자를 조롱하고 그 추태를 지적하며 의기양양해하는 중병 환자는 누구인가.

"도둑질하지 말라"는 계명도 성서의 원리에 근거해 고찰하면 우리가 이미 어긴 계명이다. 도둑질이란 절도나 강도만이 아니다. 무릇 하늘이 내게 베풀지 않는 것을 내 소유로 삼는 것은 다 도둑질인 것이다. 내게 다른 사람보다 탁월한 재능이나 학식이 없는데도 아첨이나 지인의 비호로 자기와 걸맞지 않은 공직에 앉았다면 그 공직과 연봉을 도둑질한 것이다. 하나님이 나를 전도자로 택하시지 않았는데 내 스스로 전도의 직분을 맡아 그 존엄과 위력을 사용한다면 나는 엘리의 아들들처럼 전도직과 그에 따르는 명예를 도둑질한 것이다(삼상 2:22-25). 하나님을 섬기고 나라를 위해 일하라고 받은 귀중한 내 생명과 시간을 내 쾌락을 위해 소진하는 것 역시 도둑질이 아니고 무엇이겠는가.

가난에 겨워 굶주린 늙은 어머니와 사랑하는 자식을 위해 어쩔 수 없이 이웃의 옷 한 벌을 훔친 자도 사회는 법으로 처벌한다. 그러면서도 백주 대낮에 공공연하게 법의 보호를 받아가며 가난한 자를 학대하고 국가의 재산을 약탈하는 수많은 거물급 도둑들은 그냥 가만히 내버려둔다. 한 나라의 범죄자 중 십중팔구는 도둑이라고 한다. 그러니 인류가 마지막 날 심판받을 때 절도죄를 범하지 않은 사람이 과연 있겠는가.

나는 위선자다. 살인자다. 간음한 자다. 도둑질한 자다. 이렇게 성서라는 전등으로 내 마음을 샅샅이 비춰보면 나는 하나님을 모독하는 자요 사람을 속이는 자다. 아, 차라리 성서의 말씀이 잘못된 것이라고 하라. 나는 그처럼 밝은 빛을 견딜 수가 없다.

죄를 죄라고 여기지 않았을 때는 죄를 지어도 크게 고통스럽지 않았다. 그러나 죄가 나쁘다는 것, 무서운 것임을 알고, 죄의 죄 됨을 안 후에는 죄를 범하면 말할 수 없이 괴로웠다. 이렇듯 죄의 특성은 우리에게 두려움을 주면서도 정작 우리로 하여금 그것을 피할 아무런 힘도 주지 않는 것이다. 우리는 죄를 범하면서 탄식하고, 탄식하면서 두려워하고, 두려워하면서 실망하고, 실망하면서 또 같은 죄를 짓는다. 미국산 래틀스네이크rattlesnake라는 독사가 다람쥐를 잡을 때는 꼬리를 흔들고 입을 벌려 나무 위의 다람쥐를 위협해 떨게 한 다음, 결국에는 다람쥐가 스스로 떨어져 독사의 입 안으로 들어가게 만든다고 한다. 우리와 죄의 관계도 이와 같다. 죄가 얼마나 무서운지 알면서도 어쩌지 못하고 죄를 범한다. 마치 절벽 위에 섰을 때 천길 아래로 몸을 던지고 싶은 충동이 생기는 것과 같다. 이런 경험을 해보지 못한 매정한 교역자들은 연약한 신도의 죄를 질책함으로써 그들을 구원할 수 있다고 생각한다. 나 역시 이런 종교를 업으로 하는 엉터리 의사들 때문에 무서운 위험에 빠진 적이 한두 번이 아니다.

나를 죄짓게 하는 것은 내게 있는 죄만이 아니다. 나는 죄에 빠져 있는 이 세상에서 태어났고, 아직 기독교를 모르는 나라에서 자라났다. 이런 내가 처한 사회와 환경이 나를 죄의 길로 인도한다.

거짓말을 하지 않으면 일을 할 수 없을 때가 있다. 내가 정직하게 하면 나 한 사람의 손해로 그치는 것이 아니라 남에게도 폐를 끼치게 된다. 이런 경우 거짓말을 하자니 양심의 가책이 있고 안 하자니 일이 돌아가지 않는다. 가서 교역자들에게 조언을 구하면 "그까짓 회사 그만두라"고 쉽게 말한다. 그러나 기독교 신자가 모두 다 목사나 전도사가 될 수는 없다. 교역자 사회의 한 사람이 되어 행실을 깨끗하게 하는 것은 식은 죽 먹기처럼 쉽다. 그러나 나의 천직이 학술이나 산업, 상업이라고 믿을 때 자신의 자리를 떠나기란 쉽지 않다. 죄 가운데 거하며 천직을 수행할 것인가, 아니면 몸을 정결하게 하는 것만을 내 삶의 목표로 삼을 것인가. 아, 비기독교적인 세상에 살면서 기독교적인 삶을 살려는 자의 고통과 눈물은 성서를 옆구리에 끼고 기도회나 강연회를 인도하거나 설교하며 그 일을 영원 전부터 정해진 천직이라 믿는, 저 부러운 인사들은 상상조차 못할 것이다.

내가 '사람의 마땅한 도人道'를 따라 살면 세상은 내게 사기치고, 속옷을 달라고 해서 겉옷까지 벗어주면 이번에는 신발과 모자까지 달라 한다. 그들이 나를 부정직하게 대해서 나 역시 부정직으로 되갚으려 하면 신자로서 정직해야지 하며 나무란다. 자기들은 불신자라서 부정직해도 정당하지만 나는 신자이기 때문에 부정직해서는 안 된다고 말한다. 그리스도를 믿는 탓에 나는 세상에서 가장 만만한 호구虎口가 되어버렸다. 내 정직은 그들이 이용하기 편리한 도구가 되고, 내가 양심의 명령을 존중하면 위선자들의 만만한 상대가 되고 만다. 내가 그들의 부정을 따지기라도 하면 사랑으로 용서하라 하고, 나를 속여 부당한 약속을 맺고는 기독교 신자답게 그 약속을 이행하라고 요구한다. 내가 약속을 파기하면 그들은 하나님과 사람을 속인 자로 나를 고발한다. 나는 사기꾼으로, 간음한 자로 교회의 재판에 넘겨진다.

세상에 자기 죄를 깨달은 기독교 신자처럼 곤궁한 자는 없을 것이다. 그리고 죄에 대해 무감한 기독교 신자처럼 강한 자도 없을 것이다. 전자는 전전긍긍하여 아무것도 하지 못하고 후자는 대담무쌍하여 무엇이든 다 한다. 죄에서 구원받기를 원하는 자는 다 교회로 오라! 정의와 거룩을 방패 삼아 죄를 범하려는 자도 다 교회로 오라! 이런 사회와 이런 교회에서는 아무리 죄를 범하지 않으려 해도 범할 수밖에 없다. 마치 춘추전국시대에 태어난 사람이 전쟁이 죄인 줄 알면서도 싸울 수밖에 없는 것과 같다. 나는 죄를 범하는 죄인이자 동시에 죄를 범하도록 강요당하는 자다. 나는 하나님과 다투는 자이자 동시에 하나님과 다투지 않을 수 없는 자다. 만약 죄를 범하지 않는 사람만이 천국에 들어갈 수 있다면 이 지구상에는 천국에 들어갈 수 있는 사람은 하나도 없을 것이다.

악을 행하는 죄도 있지만 선을 행하지 않는 죄도 있다. 즉 'Sin of Commission and Sin of Omission'이다. 감리교 기도

문 중 참회문에는 "우리는 해야 할 일은 행하지 않고 도리어 해서는 안 될 일을 행했습니다"라는 글이 있다. 기독교의 도덕은 악을 피하는 데 만족하지 말고 더 나아가 선을 행하라 한다. "내가 싫어하는 것을 남에게 하지 말라"가 아니라 "남에게 대접받고 싶은 대로 남에게 하라"다. 우리는 물러나 자신을 지킬 뿐 아니라 한 걸음 더 나아가 남을 구해야 한다. 기독교 교리에 따르면, 자기만을 구하려 애쓰는 자는 멸망에 이른다. 게으름은 죄 중의 죄다. 아무것도 하지 않는 것은 곧 악을 행하는 것이다. 시간을 죽이는 일도 사람을 죽이는 것과 마찬가지로 죄다. 공功이 없는 일생은 죄스러운 삶이다. 벤저민 프랭클린은 말했다. "시간은 금이다." 기독교는 말한다. "시간은 영원의 일부분으로 무수한 심령의 안위를 결정하는 갈림길이다"(*ho kairos*, 엡 5:16 참조). 내 증오심 때문에 누군가를 죽음에 이르게 하는 일도 살인죄지만, 영원한 멸망에 이르는 사람을 팔짱 끼고 수수방관하는 일 역시 살인죄라 할 수 있다. 하나님은 예언자 에스겔에게 다음처럼 말씀하셨다.

> 너 사람아, 내가 너를 이스라엘 족속의 파수꾼으로 세운다. 너는 나의 입에서 떨어지는 말을 듣고 나 대신 그들을 깨우쳐주어야 한다.

너는 못되게 구는 자들은 죽는다는 나의 선언을 그대로 전하여 깨우쳐주기만 하면 된다. 못되게 구는 자에게 그 그릇된 길을 떠나 살 길을 찾으라고 일러주어야 한다. 그러지 않으면 그는 제 죄로 죽겠지만, 너도 내 앞에서 그의 죽음에 대한 책임을 면하지 못할 것이다. 그러나 네가 못되게 구는 자를 일깨워주었는데도 그가 못된 생각과 그릇된 길을 버리고 돌아서지 않는다면, 그는 제 죄로 죽겠고 너는 죽음을 면할 것이다. 바로 살던 사람도 그 바른 길을 버리고 그릇된 길에 들어서면, 나는 그 앞에 올무를 놓아 잡으리라. 네가 깨우쳐주지 않아서 그 때문에 바로 산 보람도 없이 그가 제 죄로 죽게 된다면, 너는 내 앞에서 그의 죽음에 대한 책임을 면하지 못할 것이다. 그러나 네가 올바로 사는 사람에게 잘못에 빠지지 않도록 일깨워주어서 그 때문에 그가 잘못에 빠지지 않게 된다면, 그도 깨우침을 받아 살게 되고 너도 죽음을 면하게 될 것이다 (겔 3:17-21).

나는 나, 너는 너라는 비정한 세상의 정신을 기독교는 결코 용납하지 않는다. 하나님은 우리 손에서 악인의 피를 대속하기를 요구하신다. 형제가 죄를 범하면 우리가 죄를 범하는 것이 된다. 인류연대책임론은 기독교의 교리이자 오늘날 사회학의 결론이기도 하다. 당신은 당신의 책임을 다했는가. 아니면 지금

다하고 있는가. "나는 모릅니다. 제가 아우를 지키는 사람입니까?"(창 4:9)라고 한 가인의 대답이 당신의 대답이 되지 않게 하라. 주일을 지켰다고 해서, 다른 사람을 괴롭히지 않았다고 해서 자신의 책임을 다했다고 감히 말하지 말라. 게으른 죄, 인정 없는 죄, 부주의한 죄, 적극적인 죄와 소극적인 죄, 하지 말아야 할 것을 하고 해야 할 것은 하지 않은 죄…. 과연 당신은 다가오는 형벌에서 벗어날 수 있겠는가?

이처럼 하나님의 영을 가지고 내 마음을 비추면 나는 숨을 데가 없다. 사람 앞에 드러나지 않은 죄도 하나님 앞에서는 환히 드러난다. 내 더러운 감정, 내 비루한 사상, 남 몰래 지은 죄, 아무도 알지 못하는 내 마음의 결점…. 아, 나는 이것들을 어떻게 해야 한단 말인가.

온갖 슬픔을 잊고
낯빛을 고쳐 웃음을 지어보리라고 마음먹어도
저의 모든 고통이 두렵기만 한데
몰려오는 괴로움에 오히려 움츠러들기만 합니다.
당신께서 결코 나를 죄 없다고 하시지는 않으시겠지요.
어차피 죄인 취급을 받을 바에야

어찌 공연히 이 어려움을 겪어야 한단 말씀입니까?
눈으로 몸을 닦고 잿물로 손을 씻어도
주께서 나를 다시 시궁창에 처넣으시니
나의 옷마저 내 모양을 외면합니다 (욥 9:27-31).

내 죄가 부끄러워 하나님을 피하려 해도 그분이 나를 놓지 않으신다. 나는 주님이 겨냥하는 표적이 되어 그의 화살을 맞고 그의 손이 나를 짓누른다 (시 38:2). 내가 동쪽으로 가도 거기 계시고 서쪽으로 가도 거기 계신다. 하나님은 심판하시는 하나님이지 용서의 하나님이 아니었다.

나는 죄를 자책하며 삶의 기쁨을 완전히 잃고 말았다. 식욕을 잃었고 밤잠을 이루지 못했다. 일할 기력이 없어 그저 공포에 떨면서 하루하루를 보냈다. 너무 괴로운 나머지 하루는 목사를 찾아갔다. 때마침 유명한 목사도 몇 명이 함께 있어서 부끄러움을 무릅쓰고 내 마음속 고통을 토로하며 그들에게 조언을 구했다. 그러나 놀랍게도 그들 중 누구 한 사람도 나를 돕지 못했다. 그들 모두 한결같이 자기들은 그런 경험이 없다고 했다. 그러면서 조금도 나를 생각해주지 않았다. 나는 마음속 번민을 고백한 일이 너무나 부끄러워 나의 분별없음을 탄식하며 실망해 집으로 돌아왔다.

《천로역정》의 저자 존 버니언이 신앙 문제로 구름과 안개 속을 방황할 무렵 하루는 의심이 그치지 않아 근처 목사를 찾아가 마음속을 털어놓고 위로를 받으려 했다. 버니언은 "제 마음에 악한 생각이 한없이 솟아나는 것은 제가 하나님께 버림받고 악마의 종이 되었다는 증거겠지요?"라고 물었다. 목사는 이 말을 듣고 탄식하며 "아마도 그런 것 같소"라고 대답했다. 과민한 버니언은 실망에 실망이 더해져 거의 쓰러질 지경이 되었다고 한다. 여러 해 지나 그가 그리스도 안에서 평안을 얻은 후 그의 벗에게 "그 목사가 신학은 잘 알지 몰라도 악마에 대한 경험은 부족했다"고 했다.

나는 죄라는 이 엄청난 문제를 누군가에게 의지해 해결할 수 있는 것이 아님을 알았다. 나는 이 문제를 혼자서 풀어보려고 결심했다. 사람은 죄에서 벗어날 수 있을까. 만일 벗어날 수 있다면 그 방법은 무엇일까. 이 마음의 고통에서 벗어나지 못한다면 나는 아무것도 할 수 없을 것이다.

탈죄술
脫罪術

죄에서 벗어나는 법

부흥회

때마침 어느 교회에 성령이 임해 많은 신도들이 죄 사함을 받고 기쁨에 넘쳐 하나님의 은혜를 찬송했다는 말이 들려왔다. 2천 년 전 오순절이 우리 나라에서 재현돼 한 소녀가 비범한 웅변과 재능으로 어른들에게 복음을 전했고, 완고한 노인들이 죄를 회개하고 어린아이처럼 되었다고 한다. 비범한 능력, 커다란 감동, 경탄할 만한 개종, 큰 기쁨, 무엇 하나 대단하지 않은 것이 없다고 했다.

　나는 이 소식을 듣고 자꾸 의심이 들었다. 내가 배운 생리학과 심리학은 이런 현상을 신경작용으로 설명했다. 나는 지난날 한 여승이 고양이 흉내를 내었더니 모든 신도가 이 여승을 흉내내며 따라했다는 이야기를 들었다. 이렇듯 교감신경이 예민해지면 예상 밖의 일이 일어나는 것은 결코 이상한 일이 아니라는 것을 알았다. 따라서 나는 학자다운 정신으로 부흥회에 가보았다. 부흥회 광경을 목격한 내 이성은 더욱 냉담해졌다. 부흥사의 말에 따르면, 성령이 불길처럼 내려와 언제 어디라고 할 것도 없이 신자의 마음에 일종의 기이한 변화를 일으키며, 갑자기 죽을 듯한 고통을 느끼는 것처럼 하나님의 도움을 부르짖는다는 것이다. 이런 현상이 하룻밤 혹은 이삼 일, 아니면 일주일 동안이나 계속되다가 하늘에서 음성이 들리는 듯해 죄가 사해지고, 고통이 그치면서 큰 기쁨으로 춤추며 어쩔 줄을 몰라 한다고 했다.

　내가 교회에 들어서자 두어 형제가 나를 둘러싸더니 속히 성령을 받으라고 했다. 그들은 뜨거운 눈물을 흘리며 나를 위해 기도해주었다. 그들의 말에 진심이 담겨 있어 나도 모르게 따라 울었다. 그들이 말한 것 중에 내가 경험했던 것과 많은 부분이 맞아떨어졌다. 죄의 죄 됨, 죄인에게 뒤따르는 영원한 형벌, 회개의 필요 등 그 모두가 내 마음을 움직였다. 특히 부흥회를 주장하거나 찬성하는 사람들이 학식과 재능을 겸한 당대의 저명한 목사들이었기 때문에 그들의 말을 더욱 가벼이 여길 수 없다고 생각했다. 생리학을 바탕으로 한 내 반대는 차츰 희미해져갔다. 나는 윌리엄 셰익스피어의 말이 생각났다.

> 호레이쇼, 천지간에는 자네의 학문으로는 상상도 못할 일들이 있다네. _ 셰익스피어, 《햄릿》 1막 5장

카펜터*, 헉슬리**, 게겐바우어***가 우주의 모든 진리를 아는 것은 아니다. 내 마음의 고통을 제거할 길은 오직 부흥회에 있

- 윌리엄 카펜터(William B. Carpenter, 1813-1885), 영국의 내과의사이자 생리학자, 박물학자.
- •• 토머스 헉슬리(Thomas H. Huxley, 1825-1895), 에든버러 대학교와 런던 대학교 교수, 영국 왕립학회 회장을 역임했다. 올더스 헉슬리의 할아버지로, '불가지론'이란 신조어를 만들었다.
- ••• 카를 게겐바우어(Karl Gegenbaur, 1826-1903), 독일 하이델베르크 대학 교수로, 진화론 입장에서 해부학을 발전시켰다.

었다. 다른 형제가 받은 은혜를 나라고 얻지 못할 리 있겠는가. 그들은 말한다. "구하라, 그러면 찾을 것이요, 문을 두드리라, 그러면 열릴 것이다." "너도 전심전력으로 하나님께 매달려 기도하면 그 놀라운 은혜가 네게 임해 마음속 죄가 사라지고 근심의 구름이 걷히어 홀연히 무한한 행복과 기쁨으로 가득 차게 될 것이다."

나는 기도하기 시작했다. 그런데 하루 종일 기도해도 은혜를 받지 못했고, 이틀이 지나도 특별한 변화가 없었다. 목사에게 가서 물어보았더니 내 열심이 부족한 탓이라고 했다. 하여 나는 억지로 울고 부르짖으며 은혜를 입고자 했다. 그래도 아무런 효과가 없었다. 나는 기도했다.

주여, 주여, 들어주시옵소서.
다른 이들을 구하셨듯이 저도 구해주소서.

결국 나는 실망하고 말았다. 심지어 나는 내 죄가 보통 사람의 죄보다 더 많아서 하나님이 내 기도를 안 들어주신다고 생각했다. 다른 형제자매들은 하늘에서 내리는 특별한 은혜를 받아 서로 기뻐하며 하나님께 감사하고 있는데, 오직 나만 고아처럼,

버림받은 자식처럼, 감사할 은혜도 없고 고백할 기쁨도 없었다. 하나님께 버림받은 듯한 느낌으로 더 우울해져 신앙에 대한 회의는 지난날의 열 배가 되었다. 그 당시의 전체적인 분위기가 성령을 받지 못한 자는 신자가 아니라는 추세여서 나는 자연히 교회를 기피하게 되었고, 교회 역시 나를 싫어하게 되었다.

이때 나를 신앙의 위기에서 구한 것은 나의 사소한 과학 지식이었다. 나는 전에 부흥회에 대해 논한 적이 있었다. 이 글로 이 장을 닫으려 한다.

과학이 발달하지 못한 시대에는 우주 만물의 진화와 변동을 늘 급변하는 현상을 들어 설명했다. 지구의 창조를 논할 때 학자들은 급변설catastrophism을 주장했다. 그 설에 따르면, 인류가 사는 이 지구는 불과 엿새 만에 하나님의 놀라운 능력으로 지어졌다. 이 엿새를 우리가 생각하는 24시간씩 여섯 번으로 보지 않는 사람들도 매 시기마다 대변동이 있었다고도 하고, 대지진이나 대홍수로 단시일 내에 마치 사람이 옷을 갈아입듯이 지구 표면에 대변동이 일어났다고도 했다.

- 찰스 라이엘(Sir Charles Lyell, 1797-1875), 근대 지질학의 기초를 세운 영국의 지질학자.

그런데 19세기 중엽에 영국의 석학 찰스 라이엘*은 지질학에서 급변설은 사실에 부합하지 않는다고 주장했다. 그는 급변설의 문제점을 지적하며 지구는 단기간에 만들어진 것이 아니라 오늘날 인류가 목격하는 자연현상의 작용을 통해 서서히 진화한 것이라고 설명했다. 다윈의 동식물의 진화론에 영감을 준 것도 바로 라이엘의 책 《지질학의 원리Principles of Geology》였다고 한다. 이렇게 하여 진화론은 사상계의 지형을 크게 변화시켰고 신학계에도 영향을 미쳤다. 튀빙겐 학파**의 신학은 진화론을 신학에 극단적으로 응용한 것이다.

급변설은 먼저 지질학과 생물학에서 배제되었고, 나중에는 사회학과 역사학에서도 배제되었다. 그리하여 나는 사유의 결과로, 관찰의 결과로, 심리 실험의 결과로, 종교의 영역에서도 급변설이란 별로 가치가 없다고 생각하게 되었다. "처음에는 싹이요 다음에는 이삭이요 그다음에는 이삭에 충실한 곡식이라"(막 4:28, 개역개정) 하신 그리스도의 말씀은 심령의 발달을 식물의 발생 순서에 비유한 것으로, 극적 변화를 부인하는 것이다. 마태복음 13장 31절 이하의 겨자씨 비유와 누룩의 비유 또한

** 18-19세기 독일의 튀빙겐 대학을 중심으로 성서비평에 헤겔의 변증법적 방법론을 적용한 일군의 신학자들을 말한다.

진화적 발달로, 여기에도 급변은 없었다. 그리스도는 그의 완전한 교회 설립과 승리를 수천 년 후로 기약하셨다. 사복음서를 깊이 연구한 사람이라면, 심령과 교회의 진보가 버섯이 하룻밤에 자랄 수 없듯이 혹은 후지 산이 하룻밤에 솟아날 수 없듯이 일시에 급속하게 이루어지지 않는다는 것을 알 수 있을 것이다.

진리는 내가 호흡하는 공기나 날마다 마시는 물과 같다. 그 효과는 확고하나 그 작용은 고요하고 더디다. 진리는 극약이 아니다. 진리는 겨자씨처럼 계속해서 자란다. 그리스도의 구원은 진리다. 루터는 이 말을 듣고 일어섰고, 버니언은 이 말을 듣고 비로소 안심했다. 그러나 루터를 루터 되게 한 것은 단순히 스승 슈타우피츠Johann von Staupitz의 한마디가 아니었다. 그로부터 3, 4년간 수도원에서 홀로 사색하고 기도하는 세월이 필요했다. 감정적인 버니언조차 속죄의 큰 진리를 깨달은 후 12년간 베드퍼드셔 감옥에서 연단되는 시간이 필요했다. 큰 진리를 깨닫게 되었을 때는 내가 이를 인지하든 인지하지 못하든 간에 일대 진보하는 때다. 이와 반대로 아무리 큰 감동을 받고 아무리 많은 눈물을 흘려도 우리의 이성을 움직이지 못하는 변화는 머지않아 사라지고 만다. 16세기 프로테스탄트 혁명이 성공한 이유는 감정적 혁명이 아니라 합리적 혁명이었기 때문이라고 한다. 이와 반대로 카라파*와 로욜라Ignatius de Loyola가 가톨릭 교회에서 일으킨 개혁은 감정적이었기 때문에 100년도 지나지 않아 사라져버렸다. 감정적 부흥을 찬양하는 사람은 늘 웨슬리John Wesley나 휫필드George Whitefield의 공적을 내세운다. 그러나 내가 볼 때 감리교의 조상은 오늘날 사람들이 말하는 부흥사들은 아니었다. 오히려 웨슬리는 냉정하고 건설적인 정치가이긴 했어도 머리만 뜨거운 감정적 설교가는 아니었다. 그의 설교는 설교라기보다 오히려 토론에 가까웠다. 그렇기 때문에 감리교가 오늘날까지 이어져올 수 있었다. 심사숙고해서 일어나는 감정 이외의 감정은 믿을 게 못된다.

학문

기적적이고 극적인 변화의 희망이 사라지자 이성이 가르치는 일반적인 방법으로 죄의 고통에서 벗어나려 했다. 그 가운

---

* 잔 피에트로 카라파(Gian Pietro Carafa, 1476-1559), 신교의 종교개혁과 맞서 가톨릭의 교회 개혁을 이끌었던 대표적인 개혁파 추기경으로, 나중에 요한 바오로 4세로 교황에 즉위했다.

데서 내가 가장 믿을 만하다고 생각한 것은 학문에 전적으로 몰두해 죄로부터 자유로워지는 것이었다. 죄에서 벗어나는 한 가지 방법은 죄에 대해 생각하지 않는 것이다. 독사를 바라보는 다람쥐는 결국 스스로 그 먹이가 된다. 사람 역시 죄에서 놓여나길 원한다면 죄에서 눈을 돌려야 한다. 자신의 죄를 인정하는 것은 좋은 일이다. 그러나 그것을 계속 주목하는 것은 그리 현명한 일이 아니다. 죄를 적발해서 항상 형벌을 생각하게 만들면 사람이 죄를 범하지 않겠지 하는 생각은 법률가와 종교가가 때때로 빠지는 오류다. 안식일마다 신자의 믿음 없음을 책망하고 그 결점을 들춰내면 신자가 죄를 뉘우치고 회개할 것이라는 생각도 경험 없는 젊은 목사들이 흔히 취하는 방식이다. 죄는 혐오스러운 것이나 또한 그리워지는 것이다. 무서우면서도 매력적인 것이다(창 3:6). 죄의 고통에서 놓여나려면 죄를 보지 않는 게 최선이다.

학문에는 죄가 없다. 공부할 때는 죄를 생각하지 않는다. 내가 책 속에 파묻힐 때, 옛 사람의 깊은 뜻을 탐구할 때, 고요한 깊은 밤 등잔에 기름이 거의 떨어져 갈 때, 내게는 악한 생각이 없다. 비루한 생각도 없다.

아아, 우리들의 비좁은 방에

램프의 등불이 정답게 켜지면

자기를 알려고 노력하는 자의

가슴 속 구름도 걷힌다.

밤에 이성理性이 다시금 말을 시작하고

희망도 다시 피어난다.

우리는 생명의 물가에서 마시고

활동의 샘에서 물을 긷노라. _ 괴테, 《파우스트》

단테와 함께 삼계(三界: 지옥, 연옥, 천국)를 거닐고 셰익스피어와 더불어 인간 심성의 심연을 탐구하며 괴테의 인도를 따라 사상계의 전 우주를 두루 돌아다닐 때, 나는 더 이상 이 세상 사람이 아니다. 나는 나 자신에서 해탈해 참된 성인이 된 기분이다.

하지만 이는 일시적 기분이다. 그것으로 내 영원한 고통이 사라지지는 않는다. 학문은 내게 새로운 세계를 열어주고 새로운 기쁨도 주지만 동시에 세상의 끝없는 근심과 고통도 보여준다. 하여 나는 학문으로 고통 위에 고통을 더했다. 괴테는 근대 문학계의 제왕이다. 세상은 지겨울 정도로 이 사람에게 명예를 주었다. 그런데도 그는 "내 일생 중 즐거웠던 시간은 불과 4주간

뿐이었다"고 고백했다. 그의 저서《젊은 베르테르의 슬픔》은 많은 사람을 실의에 빠트리고 자살에 이르게 했다. 키케로Marcus T. Cicero의 박식함과 웅변을 아는 사람으로서 그의 절망적인 전기를 읽으며 어찌 당황하지 않을 수 있겠는가. "세상에 태어나지 않음이 최대의 행복이다. 그다음 행복은 가능한 한 빨리 세상을 뜨는 일이다"라고 한 그리스 비극 작가 소포클레스의 말은 나를 절망하게 만든다. 통계학자는 말한다. 독일에서 자살하는 사람 중 노동자는 천 명에 네 명꼴인데 학자는 천 명 중 열여섯 명꼴이라고 한다. 곧 후자가 전자의 네 배로, 염세주의와 실의에 빠지는 사람은 지식층에 훨씬 더 많다. 학문을 배우지 않는 농부나 노동자에게는 가장 위험한 이단과 가장 무서운 회의가 없다. 어쩌면 행복은 학문을 배우지 않는 데 있다. 행복은 배움과 무관하다. 오히려 모르는 것이 약이다. 학문은 죄로부터 은신하는 곳이 아니라 오히려 죄가 밝히 드러나는 곳이다.

자연 연구

학문은 인위적이어서 내 고통을 치유할 수 없다. 이제 나는 사람이 만들어내지 않은 자연으로 가야겠다. 존 게이*의 노래를 들어보자.

교만은 종종 작가의 펜을 움직이므로
책도 사람과 마찬가지로 진실하지 않을 수 있다.
그러나 자연의 법칙을 연구하는 사람은
확실한 진리로부터 그의 좌우명을 이끌어낸다.
그리고 학교 교육을 받지 않은 사람들이라도
인간을 도덕적이며 선하고 현명하게 만들 수 있다.

조류학자 존 오듀본**의 전기를 읽고 그의 순진무구한 생애에 경탄하지 않을 사람이 있을까? 알프스 산을 보며 자란 루이 아가시***야말로 죄 없는 자연의 아들로 일생이 행복의 연속이었다. 몸이 허약했던 찰스 다윈은 박물학을 연구하면서 조용하

- 존 게이(John Gay, 1685-1732), 영국의 극작가, 시인.
- ● 존 제임스 오듀본(John James Audubon, 1785-1851), 미국의 조류학자이자 화가. 북미 조류도감을 저술했다.
- ●●● 장 루이 루돌프 아가시(Jean Louis Rodolphe Agassiz, 1807-1873), 스위스 출신의 미국 지질학자이자 동물학자.

고 의미 있는 일생을 보냈다. 500배율 현미경으로 세균이 어떻게 생기는지를 탐구할 때 누가 인간의 영원한 타락을 마음에 두겠는가? 죄, 미래의 형벌, 이는 모두 불평하는 인간의 망상이다. 와서 아름다운 자연과 사귀어보라. 우울은 사라지고 의심은 풀어진다.

나는 죄에 대한 생각으로 자책하는 괴로움에서 벗어나려고 한때 완전히 자연 연구에 매진했다. 거짓 없는 자연은 허식과 위선에 찬 인공물과 달리 나를 가르치고 위로하는 데 꽤 효과가 있었다. 학자들이 아직 모르는 새로운 동물을 발견할 때의 기쁨, 어지러운 사실을 단순한 하나의 법칙으로 꿰어내는 쾌감. 만물은 질서다, 법칙이다, 화합이다. 자연과 사귀는 자는 우주의 운행과 함께 조용하고 평화로울 수밖에 없다.

그러나 자연이 사람에게 주는 감동은 수동적이지 주도적인 것은 아니다. 자연은 즐거운 사람에게는 즐겁게 보이고 슬퍼하는 사람에게는 슬프게 보인다. 도다이(東臺)의 벚꽃은 만인에게 기쁨을 주는 동시에 무한한 원한도 자아낸다. 물物은 영靈의 종이지 그 주인이 될 수는 없다. 환희와 비애는 내 마음에 있다. 시나이 반도의 황막함도 승리의 용사 미리암에게는 고상하고 우아한 찬가를 부르게 했다(출15장). 알프스 산의 장엄도 시인 바

이런 George Gordon Byron의 열정을 식히지 못했다. 스위스의 산들 때문에 루이 아가시가 존재하게 된 것이 아니다. 하늘이 아가시를 보냈기에 알프스 산의 암석이 비로소 알려진 것이다. 남미의 지질과 갈라파고스 섬의 동식물이 다윈을 만든 것이 아니다. 하늘이 다윈을 보내 진화론이 세상에 퍼진 것이다. 영은 물을 신성하게 할 수 있어도 물은 영을 변화시킬 수 없다. 내 마음의 병은 자연에 있는 것으로 치유될 수 없다. 왜냐하면 자연은 생명의 환경이지 그 원인이 될 수 없기 때문이다. 물론 주변 환경이 생명 발달에 커다란 영향을 준다. 그러나 생명 자체가 병들었을 때는 주변이 아무리 좋아도 고칠 수 없다. 자연은 병든 영혼을 고치는 데 더할 나위없는 조력자다. 깨끗하고 따스한 공기가 결핵 치료에 효과가 큰 것과 같다. 그러나 배 속의 미세한 독은 바르는 약으로 고칠 수 없다. 죄가 심령의 병이라면, 이를 고치는 것은 심령의 힘이 아니고서는 안 된다.

자선사업

마침내 나는 나 말고는 나를 도와줄 자가 없다는 사실을 깨달았다. 목사도, 교회도, 학문도, 자연도 내 마음속 고통을 낫게 할 수 없음을 알았다. 나는 스스로 힘써서 두려움과 떨림으로 나의 구원을 이뤄가야겠다고 결심했다 (빌 2:12). 죄는 내 의지 안에 자리하고 있으므로 내 의지로 극복해야 한다. 죄에 쫓기는 이유는 내가 나 자신만을 생각하기 때문이다. 이제부터 나라는 생각에서 완전히 떠나 세상의 불쌍한 사람, 가난한 사람을 구제한다면 나도 사심 없는 완전한 사람이 되지 않겠는가. 완전은 안일함 속에서 찾을 수 없다. 학문의 바다에서 노를 젓는 것이나 잉크에 배를 띄우는 것도 모두 쾌락을 추구하는 정신이다. 여우를 찾아내는 일이나 진리를 찾아내는 일이나, 탐구의 기쁨을 추구하는 것에서는 동일하다. 죄는 '자기 이익만을 꾀하는 욕심私慾'이다. 이것을 떠나면 죄를 떠나는 것이다. 성서는 이렇게 말한다.

예수께서는 "네가 완전한 사람이 되려거든 가서 너의 재산을 다 팔아 가난한 사람들에게 나누어주어라. 그러면 하늘에서 보화를 얻게 될 것이다. 그러니 내가 시키는 대로 하고 나서 나를 따라오너라" 하셨다 (마 19:21).

하느님 아버지 앞에 떳떳하고 순수한 신앙생활을 하는 사람은 어려움을 당하고 있는 고아들과 과부들을 돌보아주며 자기 자신을 지켜 세속에 물들지 않게 하는 사람입니다 (약 1:27).

자선은 남을 위하는 일만이 아니다. 완전하려는 자, 깨끗하고자 하는 자는 모두 자선사업에 참여해야 한다. 우리는 물질적인 것을 주고 영적인 선물을 받을 수 있다. 그렇다. 종교란 자선을 말한다. 가난한 자를 돌보는 것은 하나님께 봉사하는 것이다. 내가 이런 생각을 하게 된 것은 시인 제임스 로웰*의 〈로온폴 공의 꿈 The Vision of Sir Launfal〉(1848)이라는 작품 때문이다.

로온폴 공은 중세 시대의 유명 인사로 한 성의 영주였다. 그는 진정한 그리스도인이 되려면 하나님과 교회를 위해 큰 공을 세워서 충실한 가톨릭신자의 본분을 다해야 한다고 생각했다. 이를 위해 그가 생각해낸 방법은, 지난날 그리스도와 그 제자들이 최후의 만찬 때 쓰고 난 후 그 행방이 묘연해진 성배를 찾아내는 것이었다. 그는 이 일이야말로 그리스도를 위한 그리고 가톨릭교회를 위한 일대 사업이라 생각했다. 옛날부터 성배

---

* 제임스 러셀 로웰(James Russell Lowell, 1819-1891), 미국의 시인, 비평가, 정치가.

를 찾으려는 무수히 많은 사람들이 있었으나 누구 하나 성공하지 못했다. 그렇다. 그는 당장 그날부터 만사를 제쳐놓고 전심을 다해 이 귀중한 보물을 찾아내고 말겠다고 결심했다. 이렇게 마음먹은 그는 갑옷을 입고 말을 탄 뒤 고향사람들과 작별하고 용기백배하여 성문을 나섰다. 때마침 나환자를 만났다. 나환자는 그 앞에 와서 엎드려 나사렛 예수의 이름으로 구걸을 했다. 그는 거칠게 말했다. "나는 하늘 아버지의 명령으로 그리스도의 성배를 찾으러 길을 나선 몸이다. 감히 너같이 더러운 자가 어찌 내 앞을 가로막느냐." 나환자는 그래도 소매를 붙잡고 자비를 구했다. 그는 화가 났지만, 품에서 금화 하나를 꺼내 땅바닥에 던지며 "자, 이것 가지고 가라. 나는 너를 돌볼 겨를이 없구나"라고 말했다. 그러고는 말을 채찍질하여 뒤도 돌아보지 않고 가버렸다.

그로부터 수십 년간 그는 유럽과 아시아 여러 나라를 두루 다니며 위험을 무릅쓰고 온 힘을 다해 그리스도의 성배를 찾았으나 헛수고였다. 마침내 그는 가진 것을 다 탕진했고 머리는 서리처럼 백발이 되었다. 젊었을 때 가졌던 꿈을 도저히 이룰 수 없음을 깨달은 그는 여생을 부모님 무덤이 있는 땅에서 마치리라 결심하고 고국으로 돌아왔다. 그가 누더기를 걸치고 지팡이를 끌며 성문 가까이 이르렀을 때 눈서리가 내려 강물이 얼어 있었다. 그때 나환자를 또 만났다. 그 얼굴을 자세히 살펴보니 수십 년 전 그가 젊어서 큰 뜻을 품고 떠날 때에 엎드려 구걸하던 그 걸인이었다. 모진 세파와 시련은 이제 그의 마음을 누그러뜨려 연민의 마음을 갖게 했다. 하지만 돈을 주고 싶어도 돈이 없었다. 하여 가지고 있던 빵 하나를 꺼내 절반을 잘라 주면서 "지금 자네에게 내가 줄 수 있는 것은 이 빵밖에 없네. 이 절반을 나사렛 예수 이름으로 받게나"라고 말했다. 또 허리에 차고 있던 쪽박을 꺼내어 길가의 시냇가로 가서 직접 얼음을 깨고 냉수를 길어다가 그 나환자에게 주면서 "은혜로우신 내 구주의 이름으로 이것을 마시게"라고 했다. 나환자는 정중한 그의 친절을 감사히 받더니 홀연히 영광스러운 그리스도의 모습으로 그 앞에 섰다. 그리고 벅찬 감동과 흥분에 떨고 있는 그에게 손을 들어 축복하시고 온화하게 이렇게 말씀하셨다.

보라, 나다, 두려워 말라. 성배를 찾으려고 여러 나라를 헤매도 소용이 없다. 보라, 잔은 여기에 있다. 냇물을 길어온 그 쪽박이 바로 성배다. 떼어준 그 빵은 찢겨진 내 살이다. 이 냉수는 십자가 위에서 흘린 나의 피다. 가난한 자와 함께 나누어 먹는 음식이야말로 진정한 성찬이다.

로온폴 공이 놀라 깨어보니 한바탕 꿈이었다. 그는 크게 깨달았다. 하나님과 교회에 봉사하는 것은 천하를 돌아다니며 놀라운 공을 세우는 일이 아니었다. 세상에 있는 가난한 자가 그리스도이며 가난한 자를 돕는 것이 바로 그리스도를 섬기는 일이었다. 그는 창고를 열어 성 밖의 빈민을 구제하는 것으로 평생의 낙을 삼았다. 나라는 자연히 번영하고 백성이 평안하니 그 자신도 평안과 기쁨으로 일생을 마쳤다고 한다. 이 이야기를 읽고 나니 내 마음은 환희로 들뜨게 되었다. 완전에 이르는 길을 찾은 것이다. 이제 참 기독교를 깨달았다. 나는 자선사업을 삶의 목표로 삼았다. 나는 해부학 책과 현미경을 버리고 존 하워드*, 엘리자베스 프라이**, 스티븐 그렐레드 등의 전기를 읽었다. 사라 마틴***의 공적은 내가 미력하나마 자선가가 될 수 있다는 격려가 되었다. 자선사업에 나타난 기독교의 힘을 보

- • 존 하워드(John Howard, 1726-1790), 영국의 교도소 개량운동가이자 박애주의자. 2년간 유럽 각국의 교도소를 시찰하고 *The State of Prison*(1777)을 저술했다.
- •• 엘리자베스 프라이(Elizabeth Fry, 1780-1845), 교도소 개선을 주장한 대표적인 인물로, 영국의 병원제도와 정신병자 처우 개선에 노력한 인물이다.

여주는 찰스 L. 브레이스Charles Loring Brace의 《그리스도 행적론 Gesta Christ》은 늘 내 곁에 두는 책이 되었다.

뜻을 정하고 자선병원에 들어간 나는 참으로 큰 기쁨을 맛보았다. 첫닭이 울기 전에 일어나 환자들 의복과 음식을 마련하고 구두를 벗겨 발을 씻겼다. 그들의 종이 되고 심부름꾼이 되었다. 급한 성미를 억누르고 자만심을 가라앉히며 오직 그리스도의 온유와 겸손을 따르고자 했다. 환자한테 발로 차일 때나 얼굴에 침 뱉음을 당할 때면, 이것이야말로 주님의 인내를 배우는 기회라 생각하고 온화한 얼굴로 대하며 미소로 응답했다. 나는 이탈리아의 애국자 사보나롤라˙의 말을 생각했다.

내가 수도원에 들어간 것은 인내를 배우기 위해서였다. 환란이 닥쳐올 때 학자의 통찰력으로 인내를 배웠고, 언제나 인내로 사랑하고 용서하는 법을 배웠다.

••• 사라 마틴(Sarah Martin, 1791-1843). 영국의 자선가. 양재업에 종사했던 그녀는 죄수들의 복지와 사회사업에 많은 관심을 가졌다.

• 지롤라모 사보나롤라(Girolamo Savonarola, 1452-1498). 1475년 도미니크 수도회에 들어갔다가 1491년 피렌체 산마리코 수도원으로 옮겼으나 교회의 권위에 순종하지 않는다 하여 1497년 파문당했고, 1498년 끝내 화형당했다.

간호부가 되고 나서야 비로소 내 급한 성미가 무익할 뿐만 아니라 해롭다는 것을 깨달았다. 나는 온유함이 커다란 자산임을 배웠다. 한없이 참을 수 있는 자만이 자선가가 될 수 있다. 백치白痴 교육자로 유명한 제임스 B. 리처드가 전에 이런 말을 내게 했다.

> 한 번 해서 성공하지 못하면 두 번 시도하라, 두 번으로 부족하면 백 번 시도하라. 그래도 당신의 목적을 이루지 못했다면 이백 번, 삼백 번, 오백 번 시도하라. 관대하라. 천 번이라도 시도하라.

그리스도가 말씀한 일곱 번에 일흔 번을 곱하는 용서란 이를 두고 하는 말일 것이다. 인내심이 없는 자는 결코 자선가가 될 수 없다. 자선병원은 그리스도인에게 가장 좋은 훈련소다. 여기서 잘 인내한 자만이 나사렛 예수의 제자가 될 수 있다. 설교강단이나 강의실은 진짜 신자인지 가짜 신자인지를 판별하는 장소가 될 수 없다.

자선은 천사의 직업임에 틀림없다. 자선 없는 종교나 도덕은 참되다 할 수 없다. 자선은 종교의 꽃이요 열매다. 그 나라의 자선의 정도는 그 나라의 도의심과 비례한다. 신사나 절간이 아무리 장엄해도 고아를 굶주림으로 울게 하는 나라는 군자의 나라라고 할 수 없다.

  그러나 자선이 선한 사람을 만들 수는 없다. 자선은 사랑의 결과이지 그 원인이 아니다. 자선사업에 참여하면 자연스레 자선가가 되려니 하는 생각은 그럴듯하게 보이지만 사실이 아니다. 오히려 다른 사람을 긍휼히 여기고 도와주려는 마음을 가진 자가 비탄에 잠긴 사람을 보고 큰 자선가가 된 사람들이 더 많다. 존 하워드가 프랑스 감옥에 갇혔을 때 그곳의 참상을 보고 나중에 감옥 개량사업가가 되었듯이, 윌리엄 문William Moon이 알프스 산중에서 눈먼 소녀가 성모 마리아에게 기도를 읊조리는 모습을 보고 맹인 교육의 선구자가 되었듯이, 자선은 우리 마음속에 있는 자비심을 불러일으킨다. 그러나 흐르는 물이 수원水源보다 더 높이 올라갈 수 없듯이 자선도 내 마음속에 있는 사랑을 능가할 수는 없다. 만일 자기 마음속에 있는 사랑의 분량을 넘어서는 자선을 한다면 그 자선은 위선이 되고 만다. 자선의 기쁨은 완전히 사라지고 불편과 교만과 공명심 같은 악령이 나를 악마에게 넘겨주고 말 것이다. 신앙과 조화되지 않는 자선만큼 위험한 것도 없다. 자선이 허다한 그리스도인들에게 걸림돌이 되는 것은 슬픈 일이다.

바리새파 사람은 서서, 혼자 말로 이렇게 기도하였다. '하나님, 감사합니다. 나는, 남의 것을 빼앗는 자나, 불의한 자나, 간음하는 자와 같은 다른 사람들과 같지 않으며, 더구나 이 세리와는 같지 않습니다. 나는 이레에 두 번씩 금식하고, 내 모든 소득의 십일조를 바칩니다'(눅 18:11-12, 새번역).

선행이 나를 교만하게 만들면 그 선행은 내 원수다. 추락하는 것에는 날개가 없다. 자선이라는 높은 곳에서 떨어지면 거의 회복 불가능이다. 근신하라. 너, 고아원을 세워 하나님과 사람에게 봉사하고자 하는 자여. 세상이 당신의 자애심을 알아주고 사심 없는 자선가로 칭찬할 때, 바로 그때가 무간지옥에 떨어질 수 있는 위험한 때다. 특히 오늘날과 같이 물질적인 것이 정신적인 것보다 더 인기 있는 시대에는 이런 위험이 더 커질 수밖에 없다.

엘리자베스 프라이 부인은 그녀의 명성이 천하에 알려져 국왕이 만나자고 하자 몸을 피해 숨어버렸다고 하지 않는가. 존 하워드의 유언은 단 두 마디였다고 한다. 그의 정신이상자 아들이 회복되기를 바라는 것과, 자기를 위해 비석을 세우지 말라는 것이었다. 내게 적이 있다는 것이야말로 행복이다. 이름이 알려지지 않았다는 것이야말로 안전함이다. 자선가라는 이름에 누가 신성한 경의를 표하지 않겠는가. 만일 세상에서 커다란 명예를 얻고 싶은 자가 있어 손쉽게 대중의 존경을 얻고 싶거든 자선가가 되라. 설교가로서 평범한 자도, 정치가로서 이름이 없는 자도 자선가가 되면 세상의 주목을 받을 수 있다. 이런 위험을 내가 느끼면서부터는 자선사업하는 사람을 그 면전에서 칭찬하는 일을 그만두었다. 그가 큰 인물이라면 칭찬을 불편하게 여길 것이요, 소인이라면 칭찬 때문에 타락하고 말 것이기 때문이다. 그리스도께서는 이렇게 말씀하셨다.

> 너희는 일부러 남들이 보는 앞에서 선행을 하는 일이 없도록 하여라. 그렇지 않으면 하늘에 계신 아버지에게서 아무런 상도 받지 못한다. 자선을 베풀 때에는 위선자들이 칭찬을 받으려고 회당과 거리에서 하듯이 스스로 나팔을 불지 마라. 나는 분명히 말한다. 그들은 이미 받을 상을 다 받았다. 자선을 베풀 때에는 오른손이 하는 일을 왼손이 모르게 하여 그 자선을 숨겨두어라. 그러면 숨은 일도 보시는 네 아버지께서 갚아주실 것이다 (마 6:1-4).

자선음악회니 자선무도회니 하는 것들이 여러 신문 지상에서 떠벌려지고 온갖 사람들의 입에 오르내린다. 하나의 행실을 온 천하에 선전한다. 아, 이것이 오늘날 우리 나라에서 자선이라 칭하는 것들의 작태다. 지금 인류는 선행에 굶주려 있다. 두려운 것은 자선가의 이름이다.

나는 자선사업이 안심술安心術로서 무익함을 깨달았다. 아니 무익할 뿐만 아니라 오히려 내 결점을 더욱 드러내기에, 한층 두려운 마음으로 이전보다 더 심령의 위험을 느끼게 되었다.

날개가 있다면 내 영혼아, 어디로 날아가려고 하느냐.
사업으로냐, 마음에도 없는 사업으로냐?
영원한 폭풍우가 거기에는 들이치지 않겠느냐.
이 보잘것없고 죽은 사업에는?
무서운 소리로 사업이 대답한다. "여기에는 쉼이 없다.
여기를 떠나라, 미혹된 영혼이여!" _ 헨리 버튼*

● 헨리 버튼(Henry Burton, 1578-1648), 영국의 청교도.

신학연구

자선사업에서 평안을 얻지 못한 나는 마침내 극단적인 수단을 취할 수밖에 없었다. 사실은 오래전부터 이런 일이 일어날까봐 두려웠었다. 그러나 이제 남은 길은 이것뿐이었다. 곧 전도자가 되어 하나님의 축복을 받는 것이었다.

세상에는 혐오스러운 게 많이 있지만, 종교인보다 더한 것은 없다. 내가 기독교에 발을 들여놓았을 때 제일 염려한 것은 결국에 나도 목사나 전도사가 되지 않을까 하는 점이었다. 나는 하나님께 "아무리 비천한 직업이라도 좋으니 제발 전도사만은 되지 않게 해주십시오"라고 기도했다. 기독교 신자라면 누구도 복음 전하는 의무를 회피할 수 없다. 나는 어떤 처지에 있더라도 복음 전하는 일을 게을리 하지 않을 것이다. 그러나 전도자가 되어 안수를 받고, 세례식이나 결혼식을 주례하고, 목사라는 직함을 내 이름 앞에 붙인다 생각만 해도 소름끼쳤다. 비록 내가 인력거꾼이 되는 한이 있더라도 전도자만은 되지 않겠다. 하나님의 영광을 드러내기 위해서라면 얼마든지 다른 길이 있다. 전도자, 전도자! 아, 그럼에도 만일 하나님이 나에게 목사가 되라고 하신다면 나는 어떻게 해야 하는가.

그래서 나는 되도록 전도자들과의 교제를 피했다. 누가 내게 목사가 되라고 권하기라도 하면 거친 말투로 그 직업에 대한 견딜 수 없는 혐오감을 토로하곤 했다. 그들은 성서를 인용해 말하길 "밭의 곡식이 익어 추수할 때가 되었다. 추수할 것은 많은데 추수할 사람은 적구나. 우리 나라에서 전도만큼 급한 일은 없다. 우리 신도들은 만사를 제쳐놓고 전도자가 되어야 한다"고 했다. 나 역시 전도가 제일 긴급한 과제임을 잘 안다. 그러나 그들의 이른바 직업적인 전도는 이러한 급선무를 해결하는 것처럼 보이기는커녕 그들의 편협함은 통탄스럽기 그지없었다. 특히 성인 남자들이 제대로 배우지도 못하고 경험도 없으면서 사람들 앞에 목사로 나서고, 처자식을 거느리고 노인이 다 된 듯 생활하는 모습을 보면 더더욱 목사라는 인간이 경멸스러워졌다.

내가 목사를 싫어하는 이유는 이뿐만이 아니다. 내가 보기에, 이들 대다수가 외국의 선교 단체나 서구 선교사에 의지해 생활하고 있으며 외모마저도 일본인 같지 않다. 돈은 모든 나라의 공동 소유물이기에 이를 지원받아 쓴다고 해서 죄가 될 것은 없다. 그러나 자기 나라의 고유한 관습과 정서를 버리고 서양인 흉내를 내는 것은 도저히 묵과할 수 없었다. 그들의 부부 관계를 보면 서양인과 같아 남편의 아내인지 아내의 남편인지 알 수가 없다. 아이들은 아버지를 파파, 어머니를 마마라 부른다. 그 밖에도 나와 같은 일본혼을 가진 남자로서는 차마 눈뜨고 볼 수 없는 것들이 많다. 그렇잖아도 외국의 종교라고 우리나라 사람들이 싫어하는 이 판국에 말이다. 오늘날 기독교 목사의 일상생활을 보자면 기독교란 실로 아메리카교를 말하는 것이 아닌가 하는 의구심마저 든다. 나는 기독교의 원리를 충실히 따르고자 할 뿐이지 서구의 외형적 조직이나 형식에 감복한 것은 아니었다. 그래서 목사들을 서양 오랑캐처럼 여기거나 매국노로 보는 경우도 있었다.

그러나 마음으로부터 존경하는 이상적인 목사도 있었다. 나는 어떤 의미에서 사도 바울과 마르틴 루터, 그리고 리빙스턴 같은 인물도 목사라 생각할 수 있음을 알았다. 따라서 목사가 되라는 하늘의 부르심이 있다면 이를 외면할 구실이 없었다. 그러나 세상의 눈으로 볼 때 목사는 그냥 목사다. 그리고 내 생각에는 대다수의 목사가 이상적인 모습을 보여주지 않기 때문에 나 또한 그들과 같이 취급받고, 마침내 그 영향을 받게 되지는 않을까 염려되었다. 그래서 하나님의 명령을 회피할 구실도 없으면서 나는 안간힘을 다해 목사가 되는 것을 피해 다녔다. 나는 참으로 정반대 주장을 하는 두 주인에게 시달리고 있었다.

나는 생각했다. 내가 평안을 얻지 못하는 이유는 내가 목사가 될 결심을 하지 않았기 때문이라고. 하나님은 내 마음속에 티끌만큼의 사사로운 욕심의 흔적도 용납하지 않으신다. 그런데 내가 하나님을 전혀 볼 수 없는 것은 내게 아직도 '목사가 되지 않겠다'는 사심이 있었기 때문이다. 이 마지막 봉헌물을 바치고 그 최대의 형벌을 받는다면 하나님은 틀림없이 내게 평화의 선물을 주실 것이다. "가죽으로 가죽을 바꿉니다. 사람이란 제 목숨 하나 건지기 위해 내놓지 못할 것이 없는 법입니다"(욥 2:4). 내 영혼을 구하기 위해서라면 목사가 되는 것도 마다하지 않겠다. 다만 내게 평안을 다오. 나는 내 희망과 뜻에 반해 내가 죽었다고 생각하고 목사가 될 것이다. 이런 나의 결심은 세상을 버리고 예수께로 나아오는 죄인의 결심, 바로 그것이었다.

내가 주께로 지금 가오니
골고다의 보혈로 나를 씻어주소서.

나는 드디어 결심하고 자선병원을 떠나 신학교에 들어갔다.*

● 신학교는 애머스트 대학교를 졸업하고 들어갔으나 한 학기만 공부하고 자퇴했다.

신학교

악마의 가장 좋은 표적

　나는 세상을 등지면서 거기에 속한 희망과 공명심을 끊고, 하나님의 은혜를 받아 내 영혼을 구하기 위해 신학교의 골방에 틀어박혔다. 거기서 기도와 금식으로 인생 최고의 행복을 얻으려고 애썼다. 물론 오늘날의 신학교는 중세 시대의 수도원 같은 곳이 아니기에 운동장도 있고, 욕실도 있고, 문명의 혜택으로 해가 되지 않는 것들은 학생들을 위해 다 갖춰놓았다. 그러므로 나는 사보나롤라가 볼로냐의 도미니크 수도원에서 겪었던, 또는 루터가 에르푸르트의 아우구스티누스 수도원에서 겪은 괴로움은 하나도 맛보지 않았다. 아니 자선병원 생활과 비교할 때 너무나 쾌적하고 안락했다. 사실 신학교에 들어가 제일 먼저 느낀 것은 신학생들의 생활이 지나치게 안락하다는 점이었다.

삿포로 농업학교에서는 일주일에 34시간을 수업했는데 신학교에서는 20시간 이하였다. 자선병원에서는 여름휴가가 한 달이었는데 신학교에서는 여름에 5개월간 휴교를 한다. 여기에 학자금 지급이나 졸업 후 직장 얻는 것을 보아도, 신학생이 되었다고 해서 하나님을 위해 대단한 헌신을 했다고는 볼 수 없었다. 만일 최소한으로 생존경쟁하며 일생을 마치는 게 목표라면 신학생이 되어 나중에 목사로 사는 것보다 더 쉬운 일은 없을 것이다. 신학교에서 이렇게 육신의 편안함뿐만 아니라 적지 않은 영의 기쁨도 맛보았다. 매일 아침의 기도회, 조용한 도서관, 저명인사의 설교와 강연, 노련한 목회자의 가르침은 나의 사상을 성장시키는 데 커다란 힘이 되었다. 특히 히브리어와 그리스어 공부는 나로 하여금 성서 기자의 사상과 직접 대면하게 하여 모세나 바울에게 직접 가르침을 받는 것 같은 기쁨을 맛보게 해주었다. 이런 기쁨은 그간 내가 받은 고통의 대부분을 상쇄시켜주고도 남았다. 그래서 이런 생각도 해보았다. 만일 신학교육의 범위를 이러한 것에 제한한다면 신학생들에게 미치는 효과는 현재보다 백배는 더 클 것이라고.

그러나 유감스럽게도 성서 연구는 다양한 신학 교육의 일부에 지나지 않았다. 성서역사, 교회사, 변증학, 성서신학, 실천신학, 조직신학, 성가학, 종교음악, 수사학, 설교학, 목회학, 그 밖의 것들은 기억도 다 못한다. 구령술救靈術의 번잡함은 이루 말할 수 없었다.

아, 신성한 신학교의 공기도 나를 죄에서 벗어나게 하지는 못했다. 두 겹 세 겹의 벽도 악마의 침입을 막을 수 없음을 알았다. 아침저녁의 기도회, 계속되는 찬송 소리도 내 마음속 악마의 힘을 소멸시키는 데 아무런 효력이 없었다. 습관은 사람을 매너리즘에 빠지게 한다. 좋은 약도 늘 쓰면 효력을 잃고 만다. 성서연구, 음악, 기도와 같은 일들도 일상적 업무처럼 하게 되면 그 신성함이 사라지고 그에 대한 마음의 감흥도 없어지고 만다. 아침에 일어나 잠자리에 들 때까지 하는 말들은 모두 성서 이야기요, 성서 비평이요, 종교음악의 우열 논의다. 때로 신학 논쟁이 벌어지면, 두려워 감히 입 밖에도 낼 수 없는 거룩한 이름을 박물학자가 나무나 돌멩이를 논하듯 남용하기 일쑤다.

종교음악 논쟁에서는 귀신도 감동할 만한 하이든이나 멘델스존의 아름다운 걸작들이 쓰레기인 양 혹평을 받기도 한다. 일이 이 지경에 이르자 내 마음은 일찍이 경험하지 못한 어떤 위험을 감지했다. 즉 신성모독의 죄, 그것이다.

"너는 네 하나님 여호와의 이름을 망령되게 부르지 말라. 여호와는 그의 이름을 망령되게 부르는 자를 죄 없다 하지 아니하리라"(출 20:7, 개역개정)는 말씀은 나를 이런 죄에서 벗어나게 하기 위한 구절이다. 거룩한 이름을 모독하는 죄는 교역자가 범하기 쉬운 죄로, 그가 가장 경계해야 할 일이다.

> 그러므로 잘 들어라. 사람들이 어떤 죄를 짓거나 모독하는 말을 하더라도 그것은 다 용서받을 수 있지만 성령을 거슬러 모독한 죄만은 용서받지 못할 것이다 (마 12:31).

죄론罪論의 권위자인 독일의 신학자 율리우스 뮐러Julius Müller는 이 죄에 대해 다음과 같이 말했다.

> 단지 아무 생각 없이 무모하게 행동하는 것은 성령을 거스르는 죄와는 무관하다. 인간이 성령을 거스르는 죄를 지으려면, 그에 앞서 악

이 침투해 그 사람을 영적으로 만드는 과정을 거친 후 완전히 장악해야 한다. 그제야 인간은 이 죄의 원리를 의도적으로 이해하고 체득할 수 있게 된다.…인간의 발달 조건에 따르면, 선과 대조되는 악이 이 정도로 강해지려면 한 사람의 내면생활이 도덕적 선을 매우 가까이 경험한 다음에야 가능하다. _《기독교 죄론 The Christian Doctrine of Sin》, 윌리엄 어윅William Urwick 번역본, 제2권, 421쪽.

신성모독죄에 따르는 벌은 죄의 죄 됨을 못 느끼게 만드는 것이다. 그렇게 극단에 이르면 어떤 성구나 축복도 우리의 죄 된 영혼을 치료하는 효력을 잃게 되며 구원의 소망은 완전히 끊어지고 만다. 가장 좋은 약으로도 고칠 수 없는 질병이라, 낫게 할 방도가 없는 것과 마찬가지다. 건강을 잘 관리해 오래 살 수 있도록 하는 일반적인 방법攝生術은 될 수 있는 한 약을 쓰지 않는 것이다. 평소에 습관적으로 약을 먹게 되면 정작 병이 침투해 들어올 때 이를 방어할 방법이 없다. 이런 생각을 하면 공포가 엄습해 아무 일도 할 수가 없다. 아뿔싸, 나는 내 몸을 가장 큰 위험에 내던지고 말았던 것이다. 나는 구원을 얻기 위해 신학교에 들어갔다. 그런데 도리어 영원한 절망으로 타락하는 문을 신학교 안에서 발견했다. 위험, 위험!

역사가 네안더*는 이렇게 말했다. "신학의 중심은 마음이다." 전도는 기술이 아니라 정신이다. 목사의 설교는 배우의 연극이 아니다. 정신적 사역을 하기 위해서 받은 기술적 훈련의 해악은 정신적 사역을 연극적이고 모방적이게 만드는 데 있다. 자기가 느끼지 않은 것을 느낀 것처럼 말하고, 자기가 확신하지 않는 것을 확신하고 있는 것처럼 말하게 하는 것이 수사학의 병폐다. 하여 아우구스티누스는 수사학을 허언술虛言術이라고까지 했다. 독일에서는 무신론자가 신학을 공부해 전도자가 되는 사람이 있다는 이야기를 들은 적이 있다. 직업을 갖기 위해 신학자가 되는 것은 결코 불가능한 일이 아니다. 철학의 한 분야로서 신학에는 독특한 재미가 있다. 성서연구는 고전학에 유익하다. 더구나 사람의 마음을 움직이는 수단으로서 전도는 야심가의 공명심을 자극하기도 한다. 때문에 하늘의 특별한 계시 없이도, 하늘의 부르심을 받지 않은 사람도, 이웃을 사랑하는 마음이 없는 사람도 신학생이 될 수 있고, 전도 사역에 종사할 수 있는 것이다. 이것이 신학의 커다란 함정이다. 이 폐단은 박애와 헌신의 원천인 종교를 자기주장을 확장하는 기반으로

• 아우구스트 빌헬름 네안더(August Wilhelm Neander, 1789-1850), 독일 역사학자이자 교회 역사가.

만들어, 명목상의 신자 증가를 전도의 성공이라 말하고, 친목을 도모하는 범위의 확장을 교세 확장의 징조로 삼는다.

얼마 전에 들은 이야기지만, 어떤 목사가 사람들이 자신의 설교에 감동해 헌금한 돈으로 동료 목사에게 더러운 쾌락을 제공했다고 한다. 이는 물론 극단적 사례이긴 하지만, 종교계의 위험한 단면을 엿보기에 충분하다. 설교는 그냥 만든다고 해서 되는 일이 아니다. 그리스도의 말씀, 바울의 글은 문법적으로 해부해서 알 수 있는 것도 아니다. 내가 바울이 되어서야 비로소 바울을 이해할 수 있다. 바울 사상을 억지로 엮어보는 것은 진흙을 가지고 살아 있는 인간을 만들어보려는 것처럼 어리석은 일이다. 시인은 타고난다고 한다. 전도자를 길러내는 것 역시 하나님이 아니고는 할 수 없다.

이런 까닭에 세상에서 위대한 종교가라 일컫는 사람은 도리어 신학교 출신이 많지 않다. 하나님의 사람인 디셉 출신 엘리야는 길르앗의 야인이었다. 그리고 그가 자신의 천직을 물려주려 택한 후계자는 소 열두 겨리를 몰던 사밧의 아들 엘리사였다. 다니엘은 관리였다. 아모스는 드고아의 농부였다. 그리고 하나님이 그 아들을 보내 세상을 구하려 할 때 그리스도를 힐렐*이나 가말리엘**의 문하에서 배우게 하지 않고 도리어 나사렛 벽촌에 두었다. 레바논의 흰 봉우리와 비손의 맑은 시냇물이 저를 가르치게 했다. 세탁소 일꾼이었던 드와이트 무디야말로 19세기 종교계를 대표하는 인물 아닌가. 신학교는 타고난 전도자를 모아서 그 능력을 꽃피게 하는 곳이지 만들어내는 곳이 아니다. 신학교에서 만들어낸 전도자야말로 세상에 무용지물이요 위험물이다.

나는 농업으로 내 직업을 삼을 수 있다. 그리고 역사를 가르쳐 밥벌이를 한다 해도 조금도 양심의 거리낌이 없다. 그러나 신학을 내 직업으로 삼는 것은 도저히 견딜 수가 없다. 물론 노력을 교환한다는 측면에서는 신학으로 생활한다 해도 도의적 잘못은 없다. 하지만 그 폐단과 위험을 고려해보면 차라리 안 하느니만 못하다. 그러한 폐해를 인지하고 있었기 때문에 사도 바울 역시 교역자가 적당한 보수를 받을 권리가 있다고 인정하면서도 그

- 헤롯 대왕과 동시대인으로, 기원전 30년부터 기원후 10년까지 바리새파에 속하여 율법을 해석했다. 그가 이끈 힐렐 학파는 율법 해석에서 샴마이 학파에 비해 상대적으로 유연하고 관용적인 입장이었다.
- •• 힐렐 학파를 창시했던 힐렐의 손자이자 사도 바울의 스승이기도 하다. 당대 최고의 랍비라는 명성과 함께 백성들에게 존경을 한 몸에 받았다.
- ••• 영국의 조지 폭스(George Fox, 1624-1691)가 창설한 프로테스탄트의 한 분파. 성경보다는 내적 계시를 중시하고 기존 교회의 직제가 없으며, 노예·전쟁·사형 제도를 반대하는 한편 검소한 생활을 강조한다.

자신은 천막 제작을 업으로 삼았다. 퀘이커교Quakers***에서 교역자의 봉급 제도를 인정하지 않는 것에는 깊은 이유가 있다.

    그렇다. 신학교는 죄에서 벗어난 장소가 아니다. 만일 악마가 있어 인류를 괴롭히려고 한다면 선함의 원천인 신학교를 어지럽히면 된다. 때문에 교역자 양성소인 신학교가 악마가 공격하기에 가장 좋은 표적이 되는 이유는 한두 가지가 아니다. 학생 중에 가장 품행이 나쁜 학생이 신학생이라는 말을 나는 믿지 않는다. 그러나 신학생들이 주장하는 정결함과 덕에 비해 그들의 사상이 비루하고 품성이 고결하지 못하다는 사실은 부정할 수 없다.

망죄술 忘罪術

죄를 잊는 법

화목한 가정

   신학교가 나를 안전하게 해주지 못하고, 목사가 되려는 결심이 나를 죄에서 벗어나게 하지 못한다면, 평안을 얻을 수 있는 장소와 방법이 내게는 없어진다. 고통을 벗어날 길이 없다면 잊어버리는 수밖에 없다. 그리하여 죄를 잊는 방법忘罪術으로 우선 내 머리에 떠오르는 것은 행복한 가정을 이루는 것이었다. 사람은 남녀가 연합하여야 비로소 온전하게 된다. 내가 평안을 찾지 못한 데는 원인이 있었다. 내 본성은 서로 보완하는 짝을 찾고 있었던 것이다. 평온은 음극과 양극의 전기가 합해져 만들어진다. 내가 평온하지 못했던 것은 내게 충족되지 않은 본성이 있었기 때문이다.

> 그대 아름다운 머릿결의 젊은이여,
> 그토록 슬프고 엄숙한 모습으로는
> 인생의 즐거운 봄을 바라기 어렵다네.
> ……
> 하지만 그대, 눈망울이 검고 목소리 고운 아가씨를 얻으면
> 그대는 슬픔을 잊어버리고 덧없는 생각은 날아가고
> 그대의 자녀들이 그녀를 둘러싸면
> 그대의 가정은 꽃이 피고 단란할 것이네.
> 이 세상은 온통 사랑과 진실이 깃드는 집이기 때문이지.*

---

* 영국의 정치 경제학자요 다양한 글을 썼던 존 보링(John Bowring)이 폴란드의 대표적인 낭만주의 시인 카즈미에시 브로진스키(Kazimierz Brodziński, 1791-1835)의 시 〈The Legionist〉를 영어로 옮겨 소개한 것의 일부이다.

시인 괴테가 말하지 않았던가. "인생은 그 스스로 완전하다." 곧 젊은이는 늙은이에게 희망을 주고, 늙은이는 젊은이에게 성숙을 베푼다. 남자는 여자에게 아름다움과 유연함을 배우고, 여자는 남자에게 용감함과 굳셈을 찾는다. 완전한 가정은 인간의 본성이다. 사람은 단란하고 화목한 가정 안에서 완전과 이상에 도달할 수 있다.

얼마나 아름다운 시적 몽상인가. 생각할 수는 있지만 얻기 어려운 것이 가정이다. 불평 없는 가정, 한숨 없는 가정, 근심 없는 가정. 아, 이런 가정이 세상 어디에 있단 말인가. 설사 이런 가정이 있다고 한들 내가 무슨 재주로 그런 가정을 이룬단 말인가. 산더미처럼 쌓아둔 금덩이로도 이것을 얻을 수 없다. 나 혼자 아무리 바란다 해도 이루어지지 않는다. 완전한 가정은 완전한 사람만큼이나 만들기 어렵다. 내가 완전하지 못한데 내 가정이 완전할 수 있겠는가. "먼저 몸과 마음을 닦아 수양한 다음에 집안을 다스린다修身齊家"고 하지 않던가. 가정은 내 평안을 구할 곳이 아니라 내가 평안을 주어야 하는 곳이다. 가정은 행복을 저장하는 곳이지 행복을 캐내는 곳이 아니다. 평안을 얻기 위해 이룬 가정은 반드시 무너질 것이다. 주기 위해 이룬 가정만이 행복한 가정이 될 것이다. 가정, 가정, 얼마나 많은 청

춘 남녀들이 그 환상의 신기루를 쫓다가 '실망의 섬失望島' 해안에서 난파하고 말았던가. 시인 베르길리우스*의 목자는 '사랑'과 친하게 되었는데, 그것이 바위인 줄 나중에야 알았다고 말했다. 많은 이들이 이상적인 가정을 꾸리지 못해 낙담하는 이유는 가정을 낙원으로 착각하기 때문이다.

쾌락주의

평안을 얻는 길이 막혀버리자 나는 거의 미칠 지경이었다. 이때 지혜 있는 사람이 내게 말했다. "너는 왜 죄 때문에 고민하느냐, 네가 죄라고 생각하는 그것은 너의 본성이다. 그러니 아무리 벗어나려 해도 벗어날 수 없다. 너는 욕망 때문에 괴로워하고 있다. 그러나 욕망은 자애로운 자연이 너의 생명을 보존하기 위해 이 사회를 조직하라고 네게 준 유익한 천성임을 왜 모르는가? 욕망은 사회 조직의 주춧돌이다. 사랑, 인, 은혜, 의

- 푸블리우스 베르길리우스 마로(Publius Vergilius Maro, BC 70-BC 19), '로마의 시성'이라 불릴 만큼 뛰어난 시인으로, 로마의 국가 서사시 〈아이네이스〉의 저자이다. 이탈리아의 부요한 농가를 배경으로 한 10편의 목가시(牧歌詩)를 쓰기도 했다. 단테의 《신곡》에서 저승 안내자로도 등장한다.

로움, 이 모든 것은 욕심이라는 최대 원동력의 변형이다. 네가 도둑질하지 않는 것은 그것이 죄가 되기 때문이 아니라 너에게 불리하기 때문이다. 사회가 살인죄를 벌하는 것은 그것이 죄라서가 아니라 사회 조직을 유지하기 위해서다. 그렇다고 내게 '그러면 자기와 사회에 해악이 안 되면 도둑질할 것이냐?'고 묻지 마라. 내가 도둑질했는데도 사회가 나를 벌하지 않는다면 그 사회는 와해되고 말 것이다. 내 생명을 보존해주고 즐거움을 주는 사회를 파괴하는 것은 곧 나 스스로를 파괴하는 것이다. 따라서 나는 나 자신을 위해 도둑질하지 않는 것이다. 네가 도덕 문제라고 말하는 것들은 사실은 다 수단의 문제다. 선악이란 이익과 손해라는 말과 동의어다. 욕망에서 벗어나려는 것은 생명을 끝마치려는 것이다. 욕망 때문에 슬퍼하는 것은 미련한 짓이다. 미신이다. 다만 사회학의 법칙에 어긋나지 않게 너의 욕망을 채우면 그만이다."

실제적 이치이며 가볍게 여길 논의가 아니다. 생존경쟁 이론은 생물의 진화를 해명하기에 가장 만족스러운 이론이다. 이 이론을 사회 현상 연구에 적용해 사회학이 생겼다. 뉴턴의 중력 법칙이 복잡한 천체의 운행을 단순명료한 법칙으로 포괄했듯이, 쾌락주의는 사회의 혼란스러운 사실을 조직적이고 과학적으로 체계화하는 데 성공했다. 단순성은 진리임을 입증하는 하나의 증거다. 욕망이라는 단어 하나로 정치와 자선과 종교를 하나로 포괄해 설명하는 것이야말로 이 철학이 진리라는 증거다. 그리고 이것은 이론일 뿐만 아니라 사실이다.

인류의 역사가 욕망의 역사가 아니고 무엇이겠는가. 전쟁은 욕망의 충돌이고 정치는 욕망의 절충이다. 매콜리*가 말했듯이 생활환경을 안락하게 하려는 욕망이야말로 인류 진보의 최대 원동력 아니겠는가. 400년이 채 지나지 않아 남북아메리카 대륙을 문명화된 복지사회로 변화시킨 요인은 다름 아닌 욕망이었다. 영국에서 가장 건실한 입헌정치가 구축된 것도 욕망의 결과다. 야만인은 어린아이와 마찬가지로 욕심이 없는 백성이다. 욕망의 증진은 발전의 징조이며, 욕망 없는 진보란 있을 수 없다.

이런 철학을 오늘날 백주대낮에 지식인들이 공공연히 주장한다. 그리하여 쾌락주의Hedonism 철학의 사도인 영국의 제러미 벤담과 허버트 스펜서가, 충효를 세계에 자랑하는 우리 일본 국민이 가장 존경하는 인물이 되었다. "스펜서의 말이다"라

● 토머스 배빙턴 매콜리(Thomas Babington Macaulay, 1800-1859), 영국의 역사가이자 정치가, 시사평론가.

는 한마디는 천만금의 무게를 갖는다. 그렇지 않아도 시샘 많은 일본 민족인지라 존경하는 철학자가 학문적으로 사사로운 욕망을 신성하고 가치 있다고 가르치니, 전폭적인 동의와 찬성으로 그의 주장을 따르고, 그것을 실천하는 신자가 되어버렸다.

그러나 내가 비록 스펜서의 명성에 압도당하고 그의 박식함에 압도되어 성실하게 그의 가설을 받아들이고 쾌락주의를 내 철학으로 삼아 실행에 옮긴다 해도, 내가 고통으로부터 자유로울 수는 없다. 사회는 구성원에게 사리사욕 없는 봉사를 요구하기 때문에, 내가 개인적인 이익을 내 주의ism로 삼는다면 사회는 나를 신랄하게 비난할지도 모른다. 스펜서주의가 죄악과 싸우는 내 양심에 일시적 진통제는 될지 몰라도 내 고통을 실제로 덜어주지는 못한다. 비정하고 잔인한 세상은 엄연히 내 앞에 서 있고, 달랠 수 없는 법칙과 운명은 나를 사로잡는다. 구태여 평안을 구할 필요가 없는 사람이라면, 스펜서 철학의 참신함과 기발함으로 자신의 사유를 연마해보는 것도 의미가 있을 것이다.

그러나 목마른 사슴이 물을 찾는 것처럼 의로움을 사모하는 사람에게 그의 철학은 의사가 신경증 환자에게 주는 안정제에 불과하다. 약간의 향기와 달콤한 맛도 있지만, 그 약을 복용한다

해도 내 병든 몸은 나아질 수 없고 통증과 환부는 그대로 남아 있을 것이다. 이 쾌락주의를 엄숙한 청교도 정신으로 단련된 영국 국민에게 퍼뜨린다 해도 그들은 큰 해를 입지 않을 것이다. 오히려 그들 국민의 사고력이 연마되고 미신과 완고함을 없애는 데 효과적일 것이다. 몸이 건강한 사람에게는 알코올음료와 그 밖의 자극제가 조금도 해가 되지 않을뿐더러 때로는 유익한 것과 같다. 그러나 타고난 본능적 욕심을 중국이나 인도의 나약한 도덕률로 간신히 억제해온 우리 나라 같은 곳이 쾌락주의를 그대로 받아들인다면 그 위험과 폐해는 실로 엄청날 것이다.

나는 쾌락주의를 주장하는 학자의 사람됨을 살펴보고 그들의 품성과 성정이 그들의 철학과 일치하지 않음을 알았다. 다윈이 남아메리카의 야만족을 교화하려고 이따금 전도기관에 돈을 기부했듯이, 헉슬리가 성서를 아동 교육에 최고의 교과서라고 공언했듯이, 잉거솔*이 외롭고 의지할 데 없는 사람들을 위해 법정에서 변호하는 것을 최고의 낙으로 삼았듯이, 그들은 쾌락주의를 부르짖었으나 스스로 실행하지는 않았다.

• 로버트 그린 잉거솔(Robert Green Ingersoll, 1833-1899), 미국 법률가, 정치 지도자. '위대한 불가지론자'라는 별명을 가지고 있었으며, "기도하는 입술보다 자선을 행하는 손이 더 거룩하다"라는 명언을 남겼다.

시인 프리드리히 실러는 일찍이 드 스테르 부인을 평하면서 "그녀의 천성은 그녀의 철학보다 훨씬 더 선량하다"고 했다. 철학이란 하나의 원리 안에 우주의 모든 현상을 포괄하는 것으로, 때로는 그 원리를 물질에서 찾는가 하면 때로는 운동에서 찾고, 때로는 사랑에서 찾고, 때로는 욕망에서 찾기도 한다. 하여 욕망으로 우주를 포괄하는 것도 철학의 하나라고 볼 수 있다. 그러나 철학은 철학이고 품성은 품성이다. 사람은 그가 생각하는 바와 같다(잠 23:7 참조)*는 말이 반드시 사실은 아니다. 철학적 사유는 의지와는 독립된 것으로, 이성을 만족시키기 위해 반드시 의지의 호불호를 따를 필요는 없다. 그러므로 쾌락주의를 고수하는 사람이라도 다른 사람을 대할 때 매우 부드럽고 사랑스러울 수 있다고 이미 앞에서 말했다. 그들의 심정은 그들의 이론을 뛰어넘어 훨씬 아름답다. 그들은 심령상 군자요, 철학상 야만인이다. 쾌락주의는 철학 이론으로는 볼 만하지만 실제로 따를 만한 것은 아니다. 선의 선 됨과 악의 악 됨은 선악의 해석 여하에 따라 달라지는 것이 아니다. "장미는 어떤 이름으로 불리든 향기롭다." 용기, 헌신, 애국 등 내가 도달해야 하는 이상은

• "무릇 그 마음의 생각이 어떠하면 그의 사람됨도 그러하니…"(잠 23:7, 새번역).

무슨 학설로 설명해도 내용이 바뀔 수는 없는 것이다.

허버트 스펜서가 인류 진보의 최종 목적으로 삼는 것 역시 이타주의 아닌가. 그러나 욕망을 위한 사랑은 사랑이 아니다. 사랑은 자기의 이익을 구하지 않는다. 욕망이 진화해서 사랑이 된다는 말은, 죽음이 진화해서 생명이 된다는 말이나, 죄가 진화해서 덕이 된다는 말처럼 사리에 어긋난 논리이다. 유물론적 진화론이라는 연금술의 비결은 무한한 시간에 있다. 무한한 시간 내에는 돌도 사람이 될 수 있고, 잘못도 옳음이 될 수 있고, 욕망도 사랑이 될 수 있다. 철학이여, 철학이여, 너는 평범하고 속된 인간이 감히 생각할 수 없는 신비 속에서 너의 증류기로 죄에서 덕을 만들려고 하는구나. 참으로 놀랍고 놀랍도다!!!

쾌락주의가 아무리 거세게 밀어붙여도 내 본성을 바꿀 힘은 없다. 나는 이를 깊이 연구해야 할 필요를 느끼지 못했다. 유물론자의 연구에는 그리스도인이 말하는 심령상의 경험이 들어갈 여지가 없다. 제임스 코터 모리스는 영국의 불가지론자 중에서도 유명한 사람이다. 그런데 그가 역사가 에드워드 기번*을 평한 말 중에 이런 것이 있다.

● 에드워드 기번(Edward Gibbon, 1737-1794), 12년에 걸쳐 《로마 제국 쇠망사》를 집필한 영국의 역사가.

기번은 자신의 심령에 갈증을 느낀 적이 없었기 때문에 다른 사람의 그러한 마음을 이해할 수 없었다. 영적인 세계와 그 중심인 하나님에게서 비롯되는 감정을 그는 이해할 수 없었던 것이다. 그러므로 역사를 편찬할 때 이런 종류의 사실에 부딪히면 원인과 결과를 그가 이해할 수 있는 감정으로 해석하곤 했다. 신비가가 탐구하는 묘한 세계를 그는 전혀 알지 못했으므로, 그는 그 영역 밖에서 기이한 소식을 접할 때마다 조롱조로 비꼴 따름이었다.

철학의 바다에서 노를 저어보지 않는 자가 그 깊은 뜻을 알 수 없다면, 심령의 바다에 빠져보지 못한 자가 영혼의 괴로움과 즐거움을 어찌 통찰할 수 있으리오. 페인이나 스펜서가 알지 못하는 심령의 경험이 내게는 있다고 하면 조금 지나친 자만 같지만, 내가 이렇게 말하는 것은 그들이 야마토 다마시(大和魂, 일본정신)이 무엇인지 충분히 알 수 없다고 말하는 것과 같다. 내 심령의 경험은 내 성정과 환경에서 비롯된 것이지 내가 그들보다 덕이 많아서가 아니다. 물리적 사회를 관찰할 때 나는 스펜서를 스승으로 추앙할 수 있다. 그러나 그의 철학에는 내 심령의 실험이 들어갈 여지가 없으며 또 그것을 해명할 수도 없다.

낙천주의 — 유니테리언과 '신신학'

쾌락주의와 불가지론은 기독교의 정반대 사상이다. 전자는 후자와 너무나 멀리 떨어져 있다. 나에게 심령의 소망을 버리고 예배할 하나님도 없고 영원한 희망도 없는 소위 돼지철학(豚慾哲學, Pig philosophy)을 받아들일 만한 담력은 없었다. 하나님의 크신 은혜를 맛본 사람이 순수한 불가지론을 주장한다는 이야기를 나는 아직 들어보지 못했다. 유물론을 접하고 쉽게 종교를 떠난 사람은 아직 종교가 무엇인지를 잘 모르는 사람이다. 종교는 명명백백한 사실이다. 이것을 인식하고 포괄하지 못하는 철학은 편협한 철학이다. 그런데 유물론처럼 거칠지 않고, 기독교처럼 엄격하지도 않고, 그러면서도 종교적 이상과 희망을 주면서, 물질이라 주장하지 않으면서 영이라 주장하지도 않고, 만유가 하나님인지 하나님이 만유인지를 판별하지도 않고, 나아가 판별하지 않는 것이 오히려 고상하고 아름답다고 말하는 학설이 있다.

이 학파를 낙천주의Optimism, 에머슨주의Emersonianism, 또는 신신학新神學이라고 한다. 여기서는 죄의 문제를 다음과 같이 매우 단순하고 간단하게 설명한다. 선은 보편적이고 악은 지엽

적이다. 아니 악은 선의 변형체이며 실은 존재하지 않는다. 보라, 썩은 고기도 비료로 만들어 초목에 주면 백합화가 되고 무화과가 되어 눈과 입을 즐겁게 하지 않는가. 악이 있음으로써 비로소 선이 있는 것이다. 뿌리가 나무에 붙어 있는 것처럼 악은 선의 근본으로, 선이 있는 한 악은 없을 수 없다. 그러므로 악을 악이라 생각하지 말라. 그렇게 하면 즉시 악에서 벗어날 수 있으리라. 철인 노발리스는, 사람이 지금 결심하여 자기는 선하다고 마음을 정하면 바로 선해질 수 있다고 했다. 죄란 사람의 망상에 불과하며, 죄악을 끊어버리려면 그에 대한 생각을 바꾸면 그만이라는 것이다.

이렇게까지는 생각하지 않더라도 악을 벗어나는 길로서 오직 선에만 집중하는 방법도 생각해볼 만하다. 곧, "선을 생각하라, 그러면 악하게 되지 않을 것이다. 하나님은 사랑이시니 내 죄를 책망하실 까닭이 없다. 인간의 타락, 미래의 형벌, 이는 모두 중세 미신가들의 망상이며, 19세기 학문은 이미 이것들을 배제했다. 내가 말하는 죄는 아직 진화 과정에 있는 인류의 불완전함을 말하는 것이다. 내게는 아직 하등동물의 습성이 남아 있다. 내가 이것으로부터 자유로워지는 때는 수천만 년 후, 인류의 진화가 극에 달할 때다. 내가 완전해지려고 하는 욕망은 개구리가 하늘을 날아보려는 것이나, 말이 뒷다리로 걸으려는 것만큼이나 어리석은 희망이다. 실수하는 것이 사람이다. 의지가 박약한 것이 여자다. 만일 불완전한 것이 죄라면 전능자를 제외하고는 죄인 아닌 자가 없다"라고 말한다. 낙천주의니, 유니테리언이니, 신신학이니 이름은 달라도 주장하는 바는 대동소이하다. 곧 죄라는 관념을 경시하거나 아니면 순수한 기독교처럼 죄를 엄중히 다루지 않는다는 점이다.

악을 악으로 여기지 않으면 악이 되지 않는다는 사상은, 어떤 신앙 치료사가 병을 병으로 여기지 않으면 곧 낫는다고 주장하는 것과 같다. 그런데 이런 종류의 치료법에서 가장 어려운 것은 병을 병으로 생각하지 않게 하는 것이다. 내 체온이 40도나 되고 눈이 감기고 입이 붓고 손발이 마비될 때, 누가 나를 아픈 게 아니라고 믿게 할 수 있단 말인가. 내가 병든 것은 사실이다. 그럼에도 불구하고 나는 병들지 않았다고 믿으라 한다. 내가 만일 낫기 위해서 이와 같이 믿는다면 그것은 거짓으로 믿는 것이지 신앙은 아니다.

물론 세상에는 신경증이 있고 고통의 원인이 단순히 망상인 경우가 있다. 이런 경우는 생각을 바로잡는 것이 바로 병을 고치는 것이다. 죄라는 관념이 단순히 병적 몽상에 불과하고 확실히 사실이 아니라면 거기에 개의치 않아도 죄에서 벗어날 수 있다. 그러나 죄는 사실 중의 사실이며, 내가 죄를 간과한다면 그 때문에 멸망하고 말 것이다. 들은 바에 따르면, 타조는 사냥꾼한테 쫓기다 도망갈 곳이 없으면 머리를 모래 속에 들이박고 온몸을 숨겼다고 믿는 습성이 있어 도리어 쉽게 사로잡힌다고 한다. 사유 속에서 죄라는 관념을 벗어던짐으로써 온몸이 죄에서 벗어난다고 생각하는 사람은 바로 이 타조의 미련함을 따르는 사람이다. 세상에서 죄라고 하는 것 중에는 죄가 아닌 것도 있지만, 죄라는 관념은 죄가 존재한 후에 생겨난 것이다. 죄에서 벗어난 후에야 비로소 죄를 생각하지 않게 된다. 죄를 생각하지 않음으로써 죄에서 벗어나는 것이 아니다.

선을 사모하면 저절로 악에서 벗어나리라는 상상은 얼마간의 진리를 포함하고 있다. 자식을 책망만 하고 칭찬할 줄 모르는 부모는 무지하고 무정한 부모다. 게으름 피우지 말라고 윽박지르기보다는 공부하면 상을 준다고 격려하는 편이 낫다. 신자의 결점을 들추고 믿음이 얕다고 책망하면 신자가 각성할 것이라고 생각하는 목사는 아직 마음의 구조를 모르는 사람이다. 죽이는 것은 율법이요 살리는 것은 영이다. 악을 멀리하게 하려면 선을 알게 하는 것이 상책이다.

그러나 세상에는 한쪽밖에 모르는 부모들이 있어서 아이의 성장을 자주 그르친다. 마르틴 루터는 "아이를 잘 양육하는 비결은 한 손에는 과일을, 또 한 손에는 매를 드는 것이다"라고 했다. 상 주는 것만으로 자식을 가르치는 부모는 자식을 사랑하지 않는 부모다. 솔로몬은 말하기를, "매를 아끼는 것은 자식을 사랑하지 않는 것이다. 자식을 사랑하는 사람은 훈계를 게을리 하지 않는다"(잠 13:24, 새번역)고 했다. 필립스 브룩스*는 말했다. "하나님의 자비를 세 번 말하면 하나님의 벌은 한 번만 말하는 것을 잊지 말라." 은혜만을 가르치고 벌을 가르치지 않는 목사는 교회를 참으로 사랑하지 않는 목사다. 회초리를 동반하지 않는 과일, 형벌과 짝하지 않는 자비는 상이면서도 상이 아니다. 은혜이지만 은혜가 아니다. 어둠을 모르는 빛, 가난을 모르는 부, 죽음을 모르는 삶은 그것의 제 가치를 알 수 없다.

그러면 선을 선 되게 하려고 악이 악 된다는 말인가? 악이 없이는 선이 있을 수 없단 말인가? 그렇다. 그렇지 않다. 선은 선

---

* 필립스 브룩스(Phillips Brooks: 1835-1893), 미국 성공회 목사이자 종교 지도자. *Influence of Jesus*를 저술했다.

이요, 악은 악이다. 그러나 선이 선인 줄 알려면 악을 접해봐야 한다. 생명나무만 심겨진 동산은 인류를 단련하고 발전시킬 수 없다. 선악을 아는 나무는 자유의지를 가진 인간 영혼을 발달시키는 데 필요하다(창 2:9). 철학자 라이프니츠가 "인류의 타락은 인류를 진보시키는 데 최대의 효력을 가진다"고 한 말은 아마 이런 뜻일 것이다. 어떤 사람은 말하리라, 만일 악이 선을 선 되게 하는 것이라면 악 또한 선이 아니냐고. 너 미련한 자여, 악은 악이기 때문에 선을 선 되게 하는 것이다. 만일 악이 선이라면 선은 선이 되지 못할 것이다. 그렇다. 죄가 죄라는 것을 알아야 비로소 은혜가 은혜임을 알게 된다. 악을 피하지 않고 선을 사모할 수 없다. 악을 악인 줄 아는 것, 그것이 선이다. 죄 문제를 정면으로 연구하지 않는 철학과 신학은 모두 거들떠볼 가치가 없다.

죄란 불완전이 아니다. 내 양심이 나를 책망하는 것은 내가 하나님과 같이 전지전능한 존재가 되지 못해서가 아니다. 성서에서 "하늘에 계신 아버지께서 완전하신 것같이 너희도 완전한 사람이 되어라"(마 5:48)고 하신 말씀은 하나님의 절대적 완전에 도달하라는 뜻이 아니다. 하나님이 하나님으로서 완전하신 것처럼 사람도 사람으로서 완전하라는 말이다. 완전한 말馬이란 사람처럼 말을 하고 생각을 하는 말이 아니라, 말의 제구실을 완전히 다하는 말이다. 그러므로 사람에게 죄가 있다는 말은 사람으로서 완전하지 않고 허물이 있다는 뜻이다. 기독교가 의인은 한 사람도 없다고 하는 것은 이를 두고 하는 말이다. 하나님이 나를 책망하시는 것은 내가 비를 내리거나 해를 비추는 일을 못해서가 아니다. 마땅히 사람을 사랑해야 할 내가 도리어 미워하기 때문이다. 분노하지 말아야 할 일에 분노하기 때문이다. 그리고 하나님은 내가 일할 때에 일하지 않는다고 책망하시는 동시에 쉬어야 할 때에 쉬지 않는다고 책망하신다.

분노는 내 본성 중 하나다. 이러한 기질을 가지고 있다는 것은 내가 천사가 아니라 사람이라는 증거다. 그렇다면 분노하는 것이 죄는 아니지 않을까? 어떤 사람이 아무 이유도 없이 내 권리를 침해한다면 내가 화를 내지 않을 수 있을까? 나는 이런 분노를 죄라고 말하지 않는다. 그러나 이런 감정이 복수심으로 발전해 악을 악으로 갚으려 한다면 나는 죄를 범하는 것이다. 바울은 말했다. "화나는 일이 있더라도 죄를 짓지 마십시오. 해질 때까지 화를 풀지 않으면 안 됩니다"(엡 4:26). 그렇다. 나는 쉽게 내 불완전함과 죄를 분별할 수 있다. 불완전함이 죄가 될 수는 없다. 도리어 그 불완전함을 인정하지 않는 것이 죄다. 사람이 완전하게 될 때 비로소 불완전함을 걱정하지 않게 된다. 도달할 수 없는 완전에 도달하려고 애쓰는 사람은 아직 완전한 사람이 아니다.

'지식 없음無學'도 죄는 아니다. 그것이 죄라면 왜 의사들 자신은 건강관리를 잘하지 못하는 것으로 유명한가? 왜 많은 변호사들 중에도 범죄자가 많은가? 왜 목사와 전도사는 질투와 험담을 일삼는가? 아는 게 별로 없는 어린이야말로 철학자가 부러워하는 선량한 자 아닌가? 밭을 갈거나 고기를 잡는 사람들이야말로 도시인들이 결코 따를 수 없는 신의와 성실함을 갖추고 있지 않은가? 지식을 보급해 죄를 없앨 수 있다면 왜 인구가 겨우 4백만 명밖에 안 되는 뉴욕에서 인구가 4천만 명이나 되는 일본에서보다 살인사건이 더 많이 일어나는가?* 세상에서 교육받은 야만인보다 더 해로운 것은 없다. 내가 듣기로, 아메리카 인디언 중에서 가장 타락한 사람은 백인들의 지식을 배우기는 했으나 그들의 종교와 도덕은 습득하지 않은 자라고 한다. 그리스어로 호메로스의 고전을 읽고 라틴어로 베르길리우

- 2013년을 기준으로 오늘날 뉴욕 인구는 약 840만 명, 일본 인구는 약 1억 2,700만 명이다. 지금은 뉴욕의 치안 상태가 좋아져 살인 범죄율은 일본보다 조금 낮지만 여전히 높은 편이다.

스의 목양의 노래를 읊는 자들이 야만족으로 돌아가서 벌이는 음탕함과 방종함은, 염소나 물소와 더불어 자란 인디언들도 도저히 따라할 수 없을 정도라 한다.

찰스 다윈의 세계여행기에는, 남아메리카 테라델피에고의 원주민 가운데 런던에서 교육을 받고 귀국한 자가 5년이 지나지 않아 다른 야만인들과 똑같아졌다는 이야기가 나온다. 문학의 융성이 저절로 도덕의 부활로 이어지지 않음은 14세기 이탈리아 역사나 괴테와 셰익스피어의 언행록이 증명한다. 사람의 의지를 움직이는 것은 무미건조하고 차가운 학문적 이론이 아니라 신선하고 온화한 감정이다. 강단에서의 교훈이 아니라 애정에서 우러나오는 감화다. 도둑질해서는 안 된다는 윤리학의 이론이 아니라 훔치는 것 자체가 부끄러운 줄 아는 종교적 관념이다. 비록 윤리적 교육이 미덕을 기를 수 있다 해도 이는 소극적 감화로서, 겨우 자기를 깨끗이 하고 남에게 피해를 주지 않을 정도에서 그치고 만다. 널리 사랑하고 자기를 버려 남을 구하는 적극적 미덕을 가르치지는 못한다. 유교가 가르치는 미덕, 스펜서주의의 냉담함이 모두 여기에 해당한다. 그렇다. 죄는 윤리학적 지식의 결핍으로 일어나는 것이 아니다.

하나님의 자비에만 주목하고 형벌을 말하지 않는 것은 유니테리언과 유니버설리스트 宇宙神敎*의 특징이다.

하나님의 자비는 한없고,
바다의 넓음같이 끝없어라.

이것이 유니버설리스트의 기초다. 염라대왕처럼 인류를 심판하는 것이 하나님의 주된 임무인 양 생각하는 사람에게 이 같은 유니버설리스트의 교의는 많은 위로를 준다. 그러나 정의가 없는 하나님의 사랑은 참 사랑이 아니다. 사랑이란 자비만을 말하지 않는다. 내가 죄를 지어도 나를 벌하지 않는 정부는 신뢰할 만한 정부가 못된다. 아무런 이유도 없이 죄인을 사면해주면 주권자의 위력은 땅에 떨어진다.

찰스 다윈의 조부 에라스무스 다윈은 늘 말하기를, "유니테리언이란 추락하는 신자를 받아주기 위한 솜털로 만든 이불이다"라고 했다. 이는 유니테리언의 결점만을 지적한 말이지만 동시에 그 특징을 잘 간파한 말이기도 하다. 유니테리언교도가 지

* 기독교의 한 종파로, 우주의 모든 생령(生靈)은 모두 신의 구제를 받는다는 것을 신조로 삼는다. 영국에서 일어나 미국에서 발달하였다.

적하는 대로 조나단 에드워드의 지나치게 엄격한 교리에는 물론 문제점이 있다. 그러나 유니테리언교도의 지나친 관용과 교의가 인간 심령의 깊은 곳에 있는 갈망을 만족시키고, 엄격하고 부드러운 기독교 군자를 양성할 수 없음은 일반적인 관찰만으로도 증명할 수 있다.

이들은 모두 거짓 예언자다. 그들은 백성의 상처를 얄팍하게 싸매고는 평화롭지 않을 때 평화롭다고 하는 자들이다(렘 6:14). 그들은 마른 시냇물 같다. 데마의 상인들과 세바의 길손들이 물을 찾아 헤매다가 그곳까지 왔으나 바라던 것이 어긋나자 도리어 어이없어 하는 것처럼, 우리를 실망시킨다(욥 6:15-20). 내 영혼이 바라는 것은 과거의 내 죄가 용서받고, 미래가 안전하고, 내 마음이 완전한 평화를 얻고, 힘쓰지 않고도 하나님과 사람을 사랑할 수 있고, 선행이 저절로 내게서 넘쳐나고, 일해도 피곤하지 않고, 죽어도 죽지 않고, 절망하지 않고, 쇠퇴하지 않는, 말하자면 완전한 사람이 되는 것이다. 토머스 헉슬리는 이렇게 말했다.

어떤 위대한 능력자가 나를 시계 같은 것으로 만들어, 매일 아침 태엽을 감아 내가 힘쓰지 않아도 언제나 올바른 생각을 하고 올바른 행동을 할 수 있게 한다면, 나는 그에게 주저 없이 내 자신을 맡기겠다.

내가 이해한 바로는, 기독교는 사람을 선한 그릇으로 만들어 철학자들이 시인의 몽상이라고 생각했던 최대의 갈망을 채워 주겠다고 선언한다. 내가 만일 기독교에서 이런 완전에 이르는 길을 찾지 못했다면 나는 아직 기독교를 모르는 것이다. 기독교 신자는 큰 뜻을 품어야 한다. 인도의 선교사 윌리엄 케리는 "하나님을 위해 큰일을 계획하고 하나님께 큰일을 기대하라"고 했다. 우리는 사람의 힘으로 할 수 없는 엄청난 변화가 내 몸에서 일어나기를 바라는 자들이다.

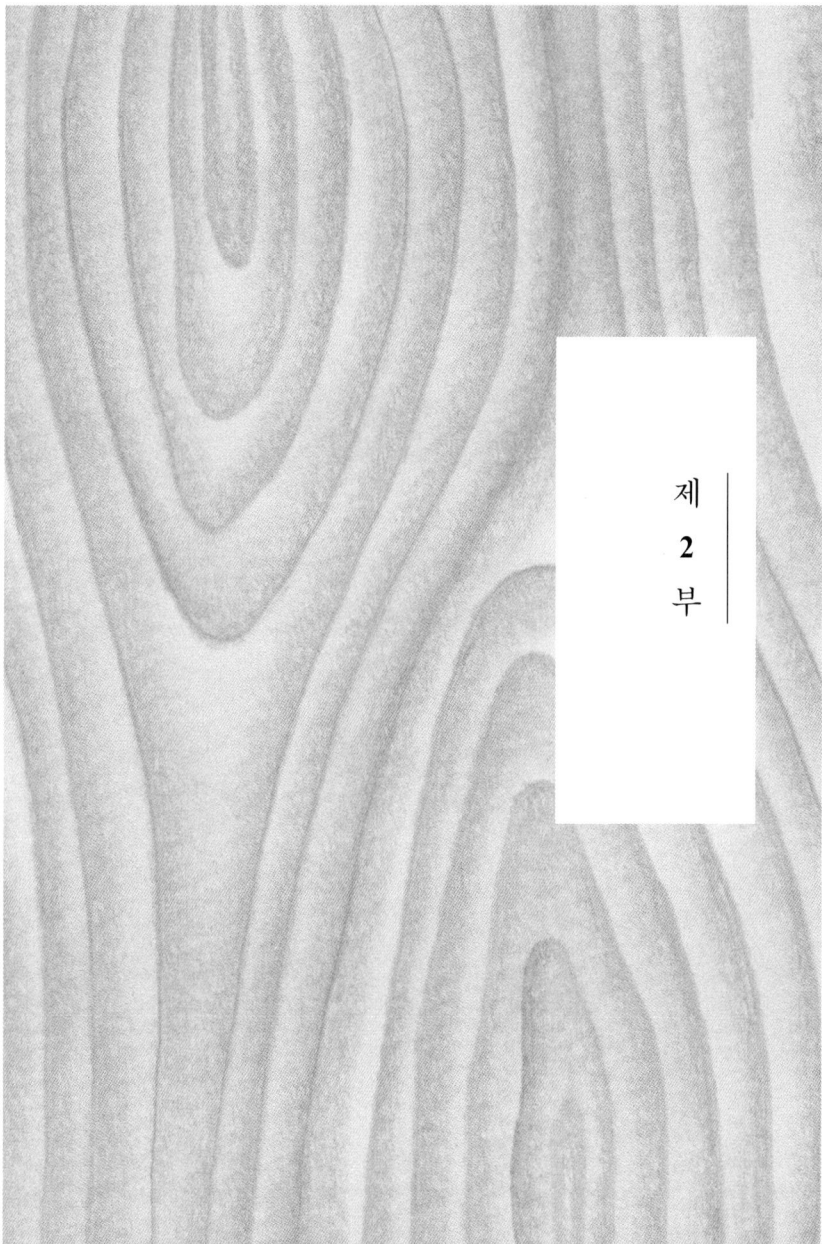

제 2 부

죄의 원리

하나님을 떠나는 것

    부흥회, 학문, 자선사업, 전도, 그 밖에 세상에서 말하는 '죄를 잊는 기술忘罪術'은 그다지 큰 효력이 없었다. 이제 나는 평안을 얻을 수 없다며 포기해야 한단 말인가. 정녕 내 마음의 공허를 메워줄 것이 이 우주에는 없단 말인가. 욕구가 있으면 그에 상응하는 대상물이 있는 것이 우주의 법칙이다. 욕구란 충족의 예언이 아니겠는가. 그런데 내게는 세상이 채워줄 수 없는 욕구가 있다. 인간은 만족할 수 없는 동물인가.

더욱이 당신, 어떤 성전보다도 바르고 깨끗한 마음을
좋아하시는 성령이시여,
나를 가르치소서, 당신은 아시나니.
……
내 안의 어둠을 비추시고
낮은 것을 높여 떠받쳐주소서.
이 높고 위대한 주제에 어긋남이 없이
영원한 섭리를 증명하여,
인류에 대한 하나님의 뜻이 옳음을 밝힐 수 있도록. _ 존 밀턴

 죄란 무엇인가. 분노와 도둑질, 이것들은 분명 죄다. 그런데 왜 나는 분노하고 도둑질하는가. 어찌하여 내가 원하는 선은 행하지 않고 원하지 않는 악을 행하는가. 악이란 음행, 추행, 방탕, 우상숭배, 마술, 원수 맺는 것, 싸움, 시기, 분노, 이기심, 분열, 당파심, 질투, 술주정, 흥청대고 먹고 마시는 것인가(갈 5:19~21). 아니면 육의 행위는 마음에 깃든 병의 징조일 뿐, 병 그 자체는 아닌가. 나는 내 육체의 욕정 하나하나와 싸우는 일이 무익함을 알았다. 그렇다면 내 원수의 근거지는 어디인가. 병의 뿌리가 있는 곳을 안다면 근절할 수 있을 것이다.

만일 악 자체가 악행이 아니라면, 선 자체도 선행은 아닐 것이다. 구제가 반드시 선은 아니다. 이름을 날리기 위한 자선, 사교상의 기부금은 자선이 아니다. 복음을 전하는 일 역시 반드시 선은 아니다. 야심만만한 목사, 남의 비위나 맞추는 종교인처럼 가증스러운 것은 없다. 선은 정신이지 행위가 아니다. 내가 비록 내 모든 소유를 나누어주고, 내 몸을 불사르게 내준다 해도 내게 사랑이 없으면 아무 유익이 없다(사도 바울). 내가 구원받기 위해 무엇을 해야 하는지는 결코 간단한 문제가 아니다.

애국은 선이다. 그러나 애국의 미덕을 기르는 데 가장 큰 기여를 한 사람은 누구인가. 우리 역사를 연구한다고 반드시 애국자가 되는 것은 아니다. 우물 안 개구리처럼 세계정세에 어두워 국가의 백년대계를 그르치는 사람은 자기 나라를 세계의 중심으로 보고, 세계는 일본에 조공을 바치기 위해 만들어졌다고 착각하는 광신자 아닌가. 높은 직위나 경제적 이익을 탐해 애국하는 자는, 나라가 위태로울 때 용맹함을 발휘해 나라를 구하는 위인이 못된다. 애국자는 시인처럼 타고나는 것이다. 나라의 역사를 몰라도 애국자는 애국자다. 나라의 녹(祿)을 받지 않아도 애국자는 나라를 위해 죽는다. 동포에게 버림받아도 애국자는 나라를 버리지 않는다. 애국은 정신이지 행위가 아니다.

따라서 외부에서 억지로 애국심을 주입할 수 없다. 애국이 무엇인지는 애국자만이 안다. 세상에 흔히 있는 애국자, 가식적 애국자, 무늬만 애국자는 존슨 박사가 말한 "애국자라면서 애국이라는 이름 뒤에 숨어버리는 아첨꾼"이다.

애국하는 사람을 만들기는 어렵다. 선한 사람을 만들기는 더욱 어렵다. 공리주의로 길러낸 선인善人은 이익을 위한 선인으로, 가장 믿을 수 없는 선인이다. 순수 윤리학으로 양성된 선인은 소극적 선인으로, 스토아학파의 선인처럼 자기를 지킬 줄은 알지만 남을 이롭게 하는 데는 서툴다. 옛 사람의 선행을 흉내만 내는 선인은 자기만의 특성이 성숙하지 못한, 앵무새 같은 선인이다. 진정한 선인이란, 자기의 이익을 구하지 않는 사람(고전 13:5), 자기 일뿐 아니라 남의 일도 돌아보는 사람(빌 2:4), 하늘에서 받은 선물을 소홀히 여기지 않는 사람(딤전 4:14)이다. 자기를 손상하지 않으면서 남을 이롭게 하고, 자기를 깨끗이 하면서 동시에 공공의 행복과 사회의 정화를 꾀하고, 옛 사람을 배우면서 동시에 자신의 특성을 개발하는 이상적 선인이 되는 길은 어디에 있는가.

어떤 사람이 그리스도에게 와서, "선생님, 제가 무슨 선한 일을 해야 영원한 생명을 얻겠습니까"(마 19:16)라고 물었다. 즉 완전에 이르려면 어떤 선행을 해야 하느냐는 뜻이다. 이에 대한 그리스도의 대답은 실로 기독교의 참 뜻을 잘 드러낸다.

Ti me erotas peri tou agathou; heis estin ho agathos.

어찌하여 선한 일을 내게 묻느냐. 선한 이는 오직 한 분이시니라(마 19:17. 개역개정).[1]

무엇이 선이냐는 물음에 그리스도는 "선은 하나님이다"라고 답하셨다. 효孝도 선이다. 인仁도 선이다. 그러나 효와 인은 선

---

1) 최근 성서학은 이 중요한 구절을 주목하고 있다. 내 개인적인 번역은 그리스파히, 라흐만, 티셴도르프 등이 선택한 그리스어 본문을 따랐다. 즉 일본어역의 "왜 나를 선하다고 하느냐, 한 분밖에는 선한 이가 없다. 곧 하나님이시다"와는 뜻이 다르다(개정영어역 Why askest thou me concerning that which is good, One there is who is good. 참조). 마가복음 10:18과 누가복음 16:19에 동일한 기사가 나온다. 예전 본문과 같은 단어를 사용하고 있는 것을 보면, 여기에 인용한 개정 본문이 틀린 것이 아니냐고 의심할 사람도 있을 것이다. 하지만, 마가와 누가의 기사는 필사자의 생각에서 나온 잘못인 듯하다. 특히 16절의 '착한 선생이여(Didaskale agathe)'에서 라흐만, 티셴도르프, 트레겔스 같은 학자가 '선한(agathe)'이라는 형용사를 뺀 점으로 보아 개정 본문이 원형에 더 가까움을 알 수 있다. 유니테리언이 그리스도는 하나님이 아니라 사람임을 증명하려 할 때 언제나 이 본문을 인용했다. 즉, 그리스도가 여기서 밝힌 대로, 그는 그 자신을 '선한 자'로 부르지 않고 하나님만을 선한 분이라 가르쳤으니 그리스도가 보통 인간이었음이 분명하다는 것이다. 그러나 내가 보기에는 설령 예전 본문이 그리스도의 말씀이라 해도, 유니테리언의 주해는 아전인수식 해석이다. 그리스도는 여기서 자신의 특성을 언급한 것이 아니라 다만 일반 진리를 설명하고 있다. 강조점을 '나'에 두지 말고 '어찌하여'에 두고 읽어보라. 그러면 이 본문이 그리스도 신성론에 대한 방해가 되지 않음을 알 수 있다.

의 결과일 뿐, 선 자체는 하나님이다. 하나님을 알면 선인이 된다. 선을 배우면 하나님에게 가까워진다. 선을 구하지 않고 하나님을 알 수 없다. 하나님을 알지 못하고 선할 수 없다. 종교와 도덕, 행위와 신앙은 동전의 양면으로 하나를 버리면 다른 것을 알 수 없다. 성서는 선인을 가리켜 "하나님과 동행하는 자"(창 5:22)라고 했다. 하나님을 떠나서 우상을 섬기는 것은 선을 버리고 악을 행하는 일이다. 즉 악을 행하는 것이 진정한 우상숭배이다. 기독교 신자이든 불교 신자이든 의를 존중하고 올바름을 추구하는 자는 하나님의 아들이요 이스라엘의 자손이다.

선이 하나님이라면 악은 두말할 것도 없이 하나님을 떠나는 것이다. 도둑질, 살인, 간음은 하나님을 떠난 결과이지 죄 자체가 아니다. 내가 살인했을 때 국법이 나를 벌하는 것은, 단순히 내가 살인죄를 범했기 때문이 아니라 궁극적으로 내가 하나님을 버렸기 때문이다. 하나님이 나와 함께 계시고 내가 하나님과 함께 있을 때, 나는 죄를 범하려 해도 범할 수 없을 뿐 아니라, 죄 된 생각 자체가 내 안에 없게 된다. 내가 불완전하고, 남의 험담을 하고, 욕정에 끌려 행동하고, 교만하고, 사람을 사랑하지 않는 것은 모두 하나님을 떠났기 때문이다. 하여 내가 하나님께로 돌아갈 수만 있다면 나는 선인이 될 수 있다. 죄에서 벗어나는 길은 오직 이 길뿐이다.

이렇게 파고들자, 비로소 창세기의 인류 타락 이야기에 담긴 심원한 뜻이 깨달아졌다. 철학자 라이프니츠는 이를 두고 이렇게 말했다.

창세기에 서술된 인류 시조의 타락 이야기는 인류의 역사를 연구하는 데 가장 탁월하고 믿을 만한 통찰력을 주는 학설이다.

구비 전승 양식의 비유적 기사 속에 인간에 대한 심오한 통찰이 나타나고 인간성의 묘미가 그려져 있으니, 독자인 우리로서는 감탄하지 않을 수 없다.

인류는 타락하기 전에 참으로 어린아이 같았다. 그들은 지식도 없었고 옷이나 집도 없어서, 외형은 오늘날 남태평양 원주민과 크게 다르지 않았다. 그런데 문명 세계의 현대인이 타락 이전의 인류에 미치지 못하는 것이 딱 하나 있다. 아담과 하와는 어린아이가 자애로운 어머니한테 매달리듯 하나님을 의지했다. 그런데 현대인은 철학자든 정치가든 종교가든 거의 다 자기 지식에 의지해 살며, 하나님을 아는 자가 있다 해도 하나님에게 자신을 전적으로 의탁하는 사람이 없다.

교활한 뱀의 유혹이란, 인류가 하나님에게서 독립해 하나님을 의지하지 않고 혼자 살아가게 한 것이다. '선악을 아는 나무'란 실은 분별하는 지혜의 나무로, 인간이 생각하기에 그 열매를 먹어서 스스로 선과 악을 분별할 수 있으면 하나님 없이 홀로 세상을 살아갈 수 있으리라 여겼다. 뱀이 여자를 꾀었다. "너희는 절대로 죽지 않는다. 하나님은, 너희가 그 나무 열매를 먹으면, 너희의 눈이 밝아지고, 하나님처럼 되어서, 선과 악을 알게 된다는 것을 아시고, 그렇게 말씀하신 것이다"(창 3:4-5, 새번역). 인간은 완전한 복종을 싫어한다. 비록 하나님의 명령이라도 내 뜻을 조금도 펴지 못하고 살아가는 무미건조함이여, 나도 조금은 하나님같이 내가 원하는 것을 해보고, 이 아름다운 세계를 내 영토로 삼아보겠다고 마음먹었다. 이것이 타락을 몰고 온 원인이다. 이것이 인류를 무한한 고통에 빠뜨리고 끝내 죽음에 이르게 한 원인이다.

> 여자가 그 나무를 쳐다보니 과연 먹음직하고 보기에 탐스러울뿐더러 사람을 영리하게 해줄 것 같아서, 그 열매를 따 먹고 같이 사는 남편에게도 따주었다. 남편도 받아먹었다. 그러자 두 사람은 눈이 밝아져 자기들이 알몸인 것을 알고 무화과나무 잎을 엮어 앞을 가렸다(창 3:6-7).

아이가 성장할수록 점차 엄한 아버지의 간섭이 싫어지게 마련이다. 결국 자기의 몫을 챙겨서 자기 마음대로 살아보려고 집을 떠난다. 그러나 아직 세상 물정에 어두워 수많은 실패와 좌절을 거듭하게 된다. 인간의 타락도 이와 다르지 않다.

인류가 하나님을 떠나면서부터 그들에게는 책임이라는 관념이 생겼다. 스스로 옷을 지어 입고 이마에 땀을 흘리며 농사를 지을 수밖에 없었다. 그리하여 인류 역사는 전혀 새로운 방향으로 전개되었다. 스스로 배워야 했고, 스스로 싸워야 했고, 스스로 책임져야 했다. 뛰어난 자는 더 앞서 나가고 뒤떨어진 자는 더 뒤처졌다. 사람들이 모두 축사의 짐승들처럼 생존경쟁의 장에 뛰어들게 되었다. 인류 6천 년의 역사, 소포클레스가 눈물샘을 자극하는 비극을 쓴 것도, 세르반테스가 《돈키호테》에서 그린 좌충우돌 모험담이 사람을 실컷 웃기면서도 무언의 슬픔을 자아내는 것도, 괴테가 "내게 이 같은 슬픔과 기쁨이 있는 것은 무슨 까닭인가!"라며 탄식한 것도, 결국은 인류가 생수의 근원인 하나님을 버리고 물이 고이지 않는 '터진 웅덩이'인 자신을 의지하기 때문 아닌가(렘 2:12).

인류는 창조주를 떠나면서부터 영육 간의 균형을 상실했다. 영은 육을 통제하지 못하고, 육은 영을 따르지 못하며, 영은 육이 미치지 못하는 것을 원하고, 육은 영이 허용하지 않은 것을 원한다. 여기에서 역사가 네안더가 말하는 '인간 내면의 분리 Internal Schism'가 시작되어 사람 그 자체가 아수라장으로 변했다. 이에 육은 자기 본연의 자리를 지키지 못하여 바랄 수 없는 것을 바라고, 해서는 안 될 일을 행하여 마침내 수많은 질병을 일으켰다. 너무 괴로운 나머지 약을 발명해 치료하려 했으나, 어떤 부위에 약이 되는 것이 다른 부위에는 독이 되므로 의약품 사용은 건강한 부분을 해치면서 쇠약한 부분을 보완하는 것에 불과하다. 눈부신 의학의 발달로 어떤 병을 치료할 수 있는 신약을 만들어낸다 해도, 지금까지 알려지지 않은 새로운 병이 또 생겨나 인류를 괴롭힐 것이다. 병의 종류는 의학의 진보와 더불어 증가해왔다. 오늘날 위생과 치료법이 현저하게 발달했지만, 인류의 평균 수명은 겨우 1, 2년 연장되었을 뿐이다. 프랑스혁명 이전의 철학자들은 의학의 눈부신 발달로 머지않아 인간이 죽지 않는 시대가 오리라는 헛된 꿈을 꾸기도 했다. 그러나 아직도 인류는 질병으로 1초에 한 사람 꼴로 죽어가고 있다. 병의 근원이 일그러진 마음에 있는 줄 모르고 의사에게 돈을 기꺼이 바치는 사람이 아직 많으니, 참으로 통탄할 일이다.

  자기를 다스리지 못하는 인류가 어찌 이웃의 권리와 자유를 해치지 않고 견딜 수 있겠는가. 하나님을 잃어버린 후 사람의 마음에는 공허가 생겨났다. 스스로 그 공허를 채우려 해보지만 채우지 못하고, 다른 사람에게서 이를 채우려 한다. 남의 재산을 탐하고, 남의 아내를 연모하고, 남의 명예를 시기하여 어떻게 해서라도 마음의 끝없는 불만을 해소해보려고 한다. 그러나 욕심이라는 마귀는 기르면 기를수록 사나워져 악은 악을 잉태하고, 죄는 죄를 낳고, 온몸이 망한 후에야 비로소 남 해치는 것을 그만둔다. 이 때문에 사회는 법률을 만들어 사람의 행위를 제재하지만, 한쪽에서 이를 막으면 다른 데가 무너진다. 제방으로 홍수를 막아보라. 제방이 높아지면 그에 따라 물도 불어난다. 이처럼 해마다 법률이 늘어나서 이제 사회를 유지하려면, 우리 나라처럼 육법六法 4,629조가 필요해졌다. 또한 법률을 실행하기 위해서는 경찰관 3만 명과 이를 위한 예산으로 해마다 5백만 엔이 필요하다. 여기에 재판관 8천 명, 변호사 1천 명이 이것으로 생활하고 있다. 또한 우리의 권리가 침해당하지 않도록 육군 10만 명과 해군 2만 명이 배치되어 있다.*

토머스 칼라일은 "인생의 최종 문제는, 사람이 그 이웃의 멱살을 잡고 네가 죽을 것이냐 내가 죽을 것이냐 하는 데 있다"고 했다. 무한한 하나님만이 채울 수 있는 사람의 영혼을 하나님 아닌 것으로는 채울 수 없다. 몽골의 왕 티무르가 아시아와 유럽 대륙의 절반을 정복한 후 사마르칸트**에 장엄하기 이를 데 없는 궁전을 지어 여러 나라 왕을 초청하기도 했다. 그러나 하루는 탄성을 지르며 그 신하에게 "이 세계로는 내가 가진 욕망을 다 채울 수 없구나"라고 했다. 이에 그의 노련한 신하가 대답하기를, "폐하여, 하나님만이 사람의 영혼을 채울 수 있나이다"라고 했다. 티무르는 이 말을 이해하지 못하고, 중국까지 점령하겠다는 욕심을 부려 원정길에 나섰다. 그리고 마침내 약사르테스 강변에서 사막의 이슬로 사라졌다. 필부에서 출세한 도요토미 히데요시(豊臣秀吉)는 일본 전국을 자기 손아귀에 넣고 조선 3도까지도 삼켜, 그 위세를 해외에까지 떨쳤다. 그럼에도 불구하고 오히려 그 심정이 적막하여, "이슬로 났다가 이슬로 사라지는 내 신세여, 나니와***의 추억은 꿈속의 꿈이로다"라는 비탄을 남기고 세상을 떠났다. 이렇듯 하나님 없는 사람은 거

- 최근 통계에 의하면 경찰관이 25만 7,000명, 육군이 15만 명, 해군 4만 5천 명, 공군 4만 7천 명이다(2014년 일본 국방백서). 그리고 변호사는 3만 6,415명에 판사 4,784명이다(2015년 기준).
- ** 우즈베키스탄 중동부에 있는 도시. 티무르가 다스리는 동안 중국 인근에서 이스탄불까지, 인도 북부에서 볼가 강까지 이르는 웅대한 제국의 수도 역할을 했다.
- *** 나니와(難波), 지금의 오사카와 그 부근 일대를 지칭하는 말.

인이면서도 소인이다. 부자이면서도 가난뱅이다. 인류의 완고하고 미련한 6천 년의 역사가 세상은 믿을 게 못된다고 가르치건만, 아직도 군사력과 법률로써 안심하고 만족을 얻으려 하고 있다. 멍어 박사는 "이 세상의 불만은 하나님을 찾는 소리 없는 외침이다"라고 했다. 인류는 깜깜한 밤에 엄마를 찾는 어린아이처럼 하나님만 찾아 헤맨다.

밖에서 평안을 얻지 못하고, 부와 명예로도 갈증을 해결하지 못하게 되자 인간은 마침내 종교를 생각해냈다. 아이 없는 여인이 인형을 만들어 무감각한 목석에 모정을 표현하듯이, 마음에 아버지를 잃은 인간은 우상이라는 하나님 인형을 만들어 절하고 섬겼다. 그렇게 하나님에게 드려야 할 종교심을 밖으로 배출하려 했다. 그러나 귀가 있어도 듣지 못하고 눈이 있어도 보지 못하는 목상과 석상이 인간의 마음을 만족시켜줄 리 만무했다. 따라서 고행이라 하여 몸을 극한極寒과 극열極熱에 내던져 하늘의 환심을 사고자 하거나, 좌선하여 자연의 감각을 죽임으로써 평안의 비결을 얻고자 했다. 나아가 이 수행을 감당치 못하는 자는 이를 견디는 자를 숭배하여, 우주의 하나님까지는 이르지 못해도 이들 성자에게 매달려 하나님의 은혜를 입고자 했다. 여기서 교주정치教主政治가 생겨나 가장 증오할 만한 그리고 가장 혐오스러운 압제가 등장했다. 백성의 미신 사랑은 많은 야심가를 자극하여, 정권을 잡아 전횡하지 못하는 위인일지라도, 싸움터에서 공을 세울 수 없는 비겁한 자일지라도, 종교계라는 나약한 사회에서는 무한한 권력을 가질 수 있었다. 하여 교역자 사이의 질투와 알력은 종파 간의 아집과 싸움으로 번졌으며, 사랑을 설교하고 이웃 사랑을 권하는 종교인끼리 싸우는 모습은 개와 고양이에 비견할 바도 아니다. 교회는 천국에 가장 가까우면서도 가장 먼 곳이다. 악마가 이미 성전을 빼앗았다. 인생의 삭막함과 황량함을 짐작할 수 있지 않은가.

그리하여 사람이 사람의 원수가 되고, 내가 나의 원수가 되고, 불평불만은 쌓이고 쌓여서, 마침내 모든 것이 구비된 우주에 살면서도 인류만큼 불행한 동물이 없게 되었다. 시인 괴테의 메피스토펠레스(악마)는 하나님께 이렇게 호소한다.

태양이니 세상이니 하는 것에 대해선 할 말이 없소이다.
내 눈에 보이는 건 그저 인간들이 괴로워하는 모습뿐이에요.
지상에서 작은 신이라 자처하는 놈들은 언제나 판에 박은 듯,
천지창조의 그날 그대로 괴상망측하지요.
차라리 당신이 하늘의 빛을 비춰주지 않았더라면,

인간들이 좀 더 잘살 수 있지 않았을까요?
인간은 그걸 이성理性이라 부르며,
어떤 짐승보다 더 동물적으로 사는 데만 써먹고 있지요.
아뢰옵기 황송하지만,
인간들이란 다리가 긴 메뚜기 같습니다.
나는 듯하다가는 팔딱팔딱 뛰면서
곧 풀숲에 처박혀 케케묵은 옛 노래나 불러대는 족속이지요.
아니, 풀 속에나 박혀 있으면 좋으련만!
거름더미를 보기만 하면 코를 쑤셔 박으니 원!

어떤 사람은 고난과 경쟁이 인류 발달의 가장 큰 원동력이라고 말할 것이다. 만일 타락이 고난과 경쟁을 불러왔다면 결국 타락은 진보의 원동력 아니냐고. 잘 모르겠다. 그러나 인류가 유혈과 기아와 그 많은 눈물로 얻은 오늘의 문명이, 그가 반역으로 잃은 심령의 독립과 완전을 보상할 수 있단 말인가. 증기기관, 전신, 샴페인, 대포, 어뢰, 전함이 평화, 안심, 이웃 사랑, 만족보다 더 선량하단 말인가. 문명, 문명! 문명이란 유럽의 평화를 유지하려고 상비군 250만 명을 만들고, 이를 유지하기 위해 해마다 60억 달러의 군비를 지출하고, 허무당虛無黨*과 정신병 환자를 낳고, 사회를 더욱더 엉망진창으로 만드는 것인가. 사람들이 무한한 욕망과 갈망을 안은 채 내면에서는 무한한 고통을 겪도록 하는 것인가.

경쟁이 정말 발전의 원동력일까. 서양 속담에 필요는 발명의 어머니라는 말이 있지만, 과연 역사적 사실일까. 만물의 영장인 인류는 눈앞의 필요를 느끼지 않으면 창조의 오묘함을 탐구하지 않는단 말인가. 다른 사람과 우열을 가려보자는 야심이 인류 진보의 최대 동력이란 말인가. 밀턴의 《실낙원》은 가난에 쫓겨서 만들어진 작품인가. 루터의 종교개혁은 가톨릭교도가 말하듯 도미니크파 수사에 대한 질투에서 나온 것인가. 콜럼버스의 아메리카 대륙 발견은 유럽 여러 나라 간의 경쟁 결과였던가. 경쟁이 진보의 어떤 원동력임은 분명하다. 철갑선이나 암스트롱 대포, 노르덴펠트 총, 무연화약無煙火藥, 담배, 향료, 포도주 따위는 분명히 경쟁의 결과물이다. 그러나 인류를 더욱 고상하게 하고, 이 땅을 더욱 아름답게 하고, 사람들을 융화시키고, 가난을 감소시키는 것들은 이익을 추구하는 경쟁심에 자극받아 이 세상에 나타난 결과가 결코 아니다.

- 1860년대 제정 러시아에서 결성된 혁명적 민주주의 당파. 허무주의를 신봉하여 일체의 권위를 인정하지 않고 사회의 기성 도덕과 제도를 파괴하여 자유로운 사회를 만들려고 했다.

나에게 기쁨을 주는 여유가 있어야 비로소 원대한 사상이 나올 수 있다. 속된 세상의 명예를 얻으려는 야심이 아니라 우주의 큰 진리를 찾으려는 거룩한 열망이 코페르니쿠스로 하여금 전체를 관찰해 대법칙을 발견케 했다. 황금과 상아를 얻으려는 포르투갈 장사치의 모험이 아니라, 흑인에게 하늘 아버지의 사랑을 알리려는 리빙스턴의 자애심이 암흑대륙을 열고 콩고 자유국 건설을 촉진했다. 경쟁에 의한 진보에도 일리가 있다. 그러나 이런 진보는 하나의 이익과 함께 백 가지 해악을 동시에 가져온다. '철도왕'* 한 사람이 억만금을 쌓는 과정에서 친구 네 사람이 자살하고 숱한 가정이 도산했다. 나폴레옹이 왕관을 쓰고 프랑스가 잠시 영광을 누리기 위해 2백만 명의 목숨이 전쟁터의 이슬로 사라지고 숱한 과부와 고아들이 기아에 허덕여야 했다. 경쟁적 진보는 인류 전체로 보면 손해요 이익이 아니다. 진보처럼 보이지만 퇴보다. 참 진보는 이웃 사랑의 결과다. 역사가 그렇게 가르치고 우리의 경험도 그렇게 말한다.

아, 그렇다면 나로 하여금 나와 화합하게 하고, 내가 원하는 것을 행하고 미워하는 일을 하지 않게 하는 길은 어디 있는가.

* 미국의 해운업과 철도 산업으로 재산을 모은 사업가이자 자선가인 코넬리어스 밴더빌트(Cornelius Vanderbilt, 1794-1877)를 말한다.

이익이나 필요에 따라서가 아니라 귀공자의 늠름한 여유 속에서 남을 사랑하는 마음으로 자기를 잊고, 이겨도 자랑하지 않고 져도 실망하지 않으며, 일하며 쉬고 쉬면서 일하고, 생애를 즐기면서 하나님과 조국을 위해 일생을 바치는, 내가 이상으로 여기는 사람이 되는 길이 이 넓은 우주에 없단 말인가. 아, 내 일생은 고통의 일생이요, 나는 아라비아 이야기에서처럼 세상이라는 절벽의 중간에 생명이라는 한 줄기 뿌리에 매달린 채 밑으로는 입을 벌려 내가 떨어지기만 기다리는 죽음이라는 큰 뱀을 두고 있는데, 세월이라는 쥐가 어느새 가느다란 뿌리를 갉아먹고 있다. 이 위험한 처지에서 아내와 자식이라는 풀이 우거져 두려움 속에서나마 간신히 달콤함을 맛보는 모습이, 영원한 희망을 가진 내가 누릴 수 있는 전부란 말인가. 아, 사람의 소리 없는 외침을 모을 수 있는 기계가 있어 우리가 그 소리를 들을 수 있다면, 그 비애의 소리는 하늘을 찢고 땅을 뒤흔들고도 남을 것이다. 아, 나를 구해줄 자는 없는가. 메시아는 아직 오지 않았는가. 우주는 절망 위에 세워졌는가. 하나님은 존재하지 않는가. 사람은 버림받았는가.

기쁜 소식

그리스도의 부활

희망이 없는 어두운 밤에 이런 소리가 들린다.

너희의 하나님이 이르시되 너희는 위로하라. 내 백성을 위로하라. 너희는 예루살렘의 마음에 닿도록 말하며 그것에게 외치라. 그 노역의 때가 끝났고 그 죄악이 사함을 받았느니라. 그의 모든 죄로 말미암아 여호와의 손에서 벌을 배나 받았느니라 할지니라 하시니라(사 40:1-2, 개역개정).

여인이 자기의 젖먹이를 어찌 잊으랴! 자기가 낳은 아이를 어찌 가엾게 여기지 않으랴! 어미는 혹시 잊을지 몰라도 나는 결코 너를 잊지 아니하리라. 너는 나의 두 손바닥에 새겨져 있고 너 시온의 성벽은 항상 나의 눈앞에 있다(사 49:15-16).

내 이름을 경외하는 너희에게는 공의로운 해가 떠올라서 치료하는 광선을 비추리니 너희가 나가서 외양간에서 나온 송아지같이 뛰리라(말 4:2, 개역개정).

천사가 이르는 말을 들어보라.

천사들의 합창: 그리스도께서 부활하셨도다!
  은근슬쩍 끼어들어
  파멸로 이끄는 타고난 결점들에 둘러싸인
  인간들아 기뻐하라.
    ……
파우스트: 내 귀에도 복음은 들려오지만 나한테는 믿음이 없노라.

_ 요한 볼프강 폰 괴테, 《파우스트》 중에서

나의 모든 원수를 이기고

음부와 세상과 죽음과 죄를 무찌른 자,

그 이름은 예수. _ 찰스 웨슬리

그분은 어떤 생애로 이 세상과 나를 구원하신 것일까.

그러니 우리에게 들려주신 이 소식을 누가 곧이들으랴? 야훼께서 팔을 휘둘러 이루신 일을 누가 깨달으랴? 그는 메마른 땅에 뿌리를 박고 가까스로 돋아난 햇순이라고나 할까? 늠름한 풍채도, 멋진 모습도 그에게는 없었다. 눈길을 끌 만한 볼품도 없었다. 사람들에게 멸시를 당하고 퇴박을 맞았다. 그는 고통을 겪고 병고를 아는 사람, 사람들이 얼굴을 가리고 피해 갈 만큼 멸시만 당하였으므로 우리도 덩달아 그를 업신여겼다. 그런데 실상 그는 우리가 앓을 병을 앓아주었으며, 우리가 받을 고통을 겪어주었구나. 우리는 그가 천벌을 받은 줄로만 알았고 하느님께 매를 맞아 학대받는 줄로만 여겼다. 그를 찌른 것은 우리의 반역죄요, 그를 으스러뜨린 것은 우리의 악행이었다. 그 몸에 채찍을 맞음으로 우리를 성하게 해주었고 그 몸에 상처를 입음으로 우리의 병을 고쳐주었구나. 우리 모두 양처럼 길을 잃고 헤매며 제멋대로들 놀아났지만, 야훼께서 우리 모두의 죄악을 그에게 지우셨구나. 그는 온갖 굴욕을 받으면서도 입 한번 열지 않고 참았다. 도살장으로 끌려가는 어린 양처럼 가만히 서서 털을 깎이는 어미 양처럼 결코 입을 열지 않았다. 그가 억울한 재판을 받고 처형당하는데 그 신세를 걱정해주는 자가 어디 있었느냐? 그렇다, 그는 인간 사회에서 끊기었다. 우리의 반역죄를 쓰고 사형을 당하였다. 폭행을 저지른 일도 없었고 입에 거짓을 담은 적도 없었지만 그는 죄인들과 함께 처형당하고, 불의한 자들과 함께 묻혔다. 야훼께서 그를 때리고 찌르신 것은 뜻이 있어 하신 일이었다. 그 뜻을 따라 그는 자기의 생명을 속죄의 제물로 내놓았다. 그리하여 그는 후손을 보며 오래오래 살리라. 그의 손에서 야훼의 뜻이 이루어지리라. 그 극심하던 고통이 말끔히 가시고 떠오르는 빛을 보리라. 나의 종은 많은 사람의 죄악을 스스로 짊어짐으로써 그들이 떳떳한 시민으로 살게 될 줄을 알고 마음 흐뭇해하리라. 나는 그로 하여금 민중을 자기 백성으로 삼고 대중을 전리품처럼 차지하게 하리라. 이는 그가 자기 목숨을 내던져 죽었기 때문이다. 반역자의 하나처럼 그 속에 끼여 많은 사람의 죄를 짊어지고 그 반역자들을 용서해달라고 기도했기 때문이다 (사 53:1-12).

내가 이 구원에 참여하려면 무엇을 해야 하는가.

주 예수를 믿으시오. 그러면 당신과 당신네 집안이 다 구원을 얻을 것입니다 (행 16:31).

왜 그런가.

하나님이 세상을 이처럼 사랑하사 독생자를 주셨으니 이는 그를 믿는 자마다 멸망하지 않고 영생을 얻게 하려 하심이라 (요 3:16, 개역개정).

그렇다. 사람은 믿음으로만 의롭게 될 수 있다. 의식儀式으로가 아니다. 혈육이나 지위나 학식으로가 아니다. 행위로도 아니다. 오직 십자가의 고난을 당하신 나사렛 예수를 믿는 믿음으로다.

이렇게 미신처럼 들리는 이야기가 진리 중의 진리요, 사람의 경험 가운데서 가장 확실한 것이다. 내가 이 복음을 믿는 이유는 단지 성서가 그리 말하고 있어서가 아니라, 나의 전 존재가 이에 응답하기 때문이고, 내 경험이 이를 증명하기 때문이며, 역사가 이를 확증하고 자연이 가르치기 때문이다. 믿음, 이것이 아니고는 인간은 구원받을 수 없다.

신앙 이해

온전한 믿음으로

  신앙은 믿을 수 없는 것을 믿는 게 아니다. 둘에 둘을 더하면 다섯이 된다는 말은 이 우주가 사라진다 해도 믿을 수 없다. 거짓말이 선善이라는 것 역시 내가 지옥에 떨어진다 해도 믿을 수 없다. 또 믿어서도 안 된다. 거짓된 방법으로 사람을 선한 길로 인도할 수 있다며 어떤 근거를 들이대도 나는 믿을 수 없다. 신앙은 믿을 만한 것을 그 어떤 두려움이나 주저함 없이 믿는 것이다.

신앙은 이해할 수 없는 것을 믿으라는 게 아니다. 구약성서의 〈오경〉을 모세가 썼다고 믿고 안 믿고는 우리의 구원과 아무런 상관이 없다. 이사야서를 한 사람이 썼는지 두 사람이 썼는지는 문예비평적 문제이지 도덕적, 종교적 문제가 아니다. 요한복음을 사도 요한이 쓰지 않았다고 믿었다 해서 지옥의 형벌을 받아야 한다면 나는 달게 받겠다. 기독교가 말하는 신앙은 지적 승인이 아니라 심령의 승인이다. 심령은 도덕적 선악은 판별하지만 사실의 진위를 감정하지는 않는다. 그러므로 영혼을 구원하는 신앙은 도덕적이지 지식적이 아니다. 물론 사람은 그가 믿는 대로 생각하기 때문에 사유, 특히 철학적 사유의 결과는 신앙의 내용을 드러내기에 부족함이 없고, 과학적 사유 역시 꼭 신앙의 반대가 되는 것은 아니다. 그 사람의 신앙 내용이 무엇인지를 알려면 그의 도덕적 언행을 보면 된다.

혹 어떤 사람이 내게 "믿을 만한 걸 믿지 않는 사람이 어디 있느냐?"고 물을지 모르겠다. 이 무지한 자여, 믿어야 할 것을 믿지 않고 도리어 믿지 말아야 할 것을 믿기 때문에 이처럼 죄악 넘치는 세상이 된 줄 모르는가. 간음, 도둑질, 거짓 증언이 나쁘다는 것을 모르는 사람이 없건만 그렇게 믿는 자가 얼마나 되는가. 진리를 아는 것과 믿는 것의 차이는 하늘과 땅 차이다.

사슴은 사슴이요 말은 말인 줄 알면서도, 권력에 아첨할 때는 사슴을 가리켜 말이라 하지 않던가.* 둘에 둘을 더하면 넷이 되는 줄 알지만, 자기 이익을 위해서는 1,000원짜리 물건 두 개를 5,000원에 팔지 않는가. 평범한 신문기자도, 지조 없는 설교자도 진리가 최후에 승리한다고 부르짖지만 과연 몇이나 이를 진심으로 믿고 그 신념에 따라 행동하는가. 정의의 하나님이 계시다고 장담하는 그리스도인 중에 진심으로 이 진리를 믿고 그 길을 걷는 자가 몇이나 되는가. 그리스도의 말씀은 틀림이 없다.

인자가 올 때에, 세상에서 믿음을 찾아 볼 수 있겠느냐?(눅 18:8, 새번역)

소크라테스는 별 대단한 사람이 아니다. 다만 그는 보통 그리스 사람이 진리로 여겼던 사실을 믿고 실천했을 뿐이다. 유대의 예언자는 특별한 비밀을 가진 사람이 아니다. 그들은 모든 유대인이 암송하는 십계명을 믿고 실천했으며, 백성들이 그에

---

* 〈사기〉에 나오는 '지록위마(指鹿爲馬)'의 유래를 두고 하는 말이다. 진(秦)나라 시황제가 죽자 환관 조고(趙高)가 조서를 꾸며 첫째 부소(扶蘇)를 죽이고 둘째 호해(胡亥)를 옹립한 후 누가 자기 편인지를 가려내기 위해 사슴을 바치고 말(馬)이라 말했다. 조고의 권력을 두려워한 신하들은 사슴을 말이라 하지 않을 수 없었다.

따라 살도록 노력했을 뿐이다. 워싱턴이나 크롬웰이나 루터나 웨슬리가 위대해진 가장 큰 이유는 그들이 일반적인 도리를 성실하게 믿었기 때문이다. 만일 우리 나라 사람들이 오늘날 그들이 알고 있는 진리를 믿게 된다면 그들의 교화는 이미 90퍼센트까지 성취된 것이다.

종교적 신앙을 '믿을 수 없는 것을 믿는 것'이라 착각하는 사람은 신앙이 무엇인지 아직 모르는 사람이다. 그것이 참된 신앙이 아님은 성서가 충분히 증명하고 있으며, 언어학적으로도 사실이다.

히브리어 헤에민(he'emin, 믿는다, 창 15:6)은 아만['aman, '지지하다'의 뜻으로, 에무나(emunah, '기둥'이라는 말도 여기서 나왔다)도 여기서 유래했다]의 변형으로 '잘 짓는다', '의지하다'는 뜻이다. 오멘'omen, 곧 '진실 verity'이라는 말도 같은 어원에서 왔다. 신약성서의 아멘(amen, '참으로 그렇게 되다')도 '아만'의 변형으로, 아멘의 하나님 (사 65:16)을 "진리의 하나님"(개역개정)이라 옮겼다. 그러므로 아브라함이 믿고 (헤에민) 의롭게 되었다는 뜻은 진실하신 하나님을 진실로 의지했다는 뜻이다. 건축물이 기둥에 의지하듯이 아브라함은 하나님을 의지했다. 진리는 우주를 받치고 있는 '에무나(기둥)'로, 여기에 의지하는 자는 영과 진리로 해야만 한다 (요 4:24). 구약성서가 불효자를 가리켜 "진실(아멘)이 없는 자녀"(신 32:20, 개역개정)라 했는데, 이는 불효자의 내면을 잘 드러낸다.

그리스어 피스튜오(*pisteuō*, 믿다)라는 동사(창 15:6에 대해서는 로마서 4:3을 보라)와 피스티스(*pistis*, 믿음)라는 명사는 앞에서 말한 히브리어의 번역어다. 이 말은 페이도(*peithō*, '묶다' 또는 '맺다')라는 말의 변형으로 폭넓은 뜻이 있다. (영어 bind의 '잇다', '약속하다'와 비교해보라.) 신약성서의 저자가 이렇게 여러 뜻으로 이 말을 사용했으므로 원문의 '피스튜오'와 '피스티스'를 해석하려면 문장의 전후를 살펴야 한다. 이 말의 단순한 의미는 '신임'이다. 누가복음 16장 11절의 "누가 참된 재물을 너희에게 맡기겠느냐"는 '의탁한다'(요 2:24 참조)는 뜻이다. '신임'은 그것을 맡은 사람의 정직을 요구한다. 그러므로 '피스티스'는 '진실'이라는 뜻을 포함한다. 갈라디아서 5장 22절에서는 이를 '신실'이라고 번역했다. 마태복음 23장 23절의 정의와 자비와 신의는 '진실'을 뜻한다. 또한 히브리서 11장 1절에서와 같이 '확신'의 뜻도 있다. '확증'의 뜻도 있다(행 17:31). 드문 용례지만, 가장 천박한 의미로는 아가서 7장 19절의 용례처럼 '지식적 설복'을 의미할 때도 있다.

영어 believe와 독일어 glauben은 모두 '허락하다'라는 의미의 색슨어 lȳfan에서 왔으며, leave, live, love는 모두 believe와 어원이 같다. (독일어 Glauben, bleiben, leiben, lieben과 비교해보라.) 믿는다는 것은 허락하는 것이다. 자기를 남에게 맡기는 것이다. 이처럼 내 사랑하는 자에게 나를 맡기는 것이다. 나를 허용하고 나를 맡긴 사람, 곧 내가 사랑하는 자는 나의 삶을 이어주는 자다. 사랑은 생명의 정수요, 생명은 곧 사랑이다.

중국어 신信은 일본어로 '마코토'라 읽는다. 곧 성실을 말한다(伊川程氏曰以實之謂信). 혹은 '마카스'라고 읽는다(東望都門信馬行). 충신, 신임, 신뢰는 모두 진실이라는 뜻을 내포하고 있다. 히브리어 '아멘', 그리스어 '피스티스', 영어 '빌리브'는 모두 같은 뜻을 가지고 있다. 언어는 인류가 아직 단순함과 솔직함을 잃기 전에 발달한 것으로, 그 참뜻을 드러낸다. 사는 장소가 달라서 생활 풍속과 감정은 다를지라도 '믿음'이라는 말의 뿌리는 같다.

그러므로 신앙의 기초는 진실이다. 진실 없이는 신앙도 없다. 신앙의 반대는 거짓이요, 허망이요, 무정이요, 불친절이요, 허식이요, 빈 소리요, 불충이요, 불효요, 불의요, 권모요, 술수다. 신앙에도 반도덕적 의미가 꼬리표처럼 따라붙게 된 것은 사람의 마음이 경박해짐에 따라 정직이 미련한 것으로 무시당하고, 학문이 세속에 아첨하는 도구가 되면서부터다.

신앙은 진실이다. 그러기에 신앙의 대상object of faith이나 신앙하는 사람subject of faith이나 모두 진실하지 않으면 안 된다. 진실하지 않은 자를 믿어서는 안 된다. 진실하지 않은 사람은 다른 사람을 믿지도 않는다. 그는 친구와 친척까지도 의심할뿐더러 우주의 질서와 원리마저 의심한다. 자연은 진실하고 자애로운 어머니지만, 의심을 품는 자녀에게는 아무것도 베풀지 않는다.

나는 삼각형 내각의 합이 두 직각의 합과 같음을 안다. 그리고 기하학의 이 원리를 믿기에, 집을 짓거나 다리를 놓을 때 이 원리를 적용할 것이다. 나는 정직이 최상의 전략임을 알기에 처신할 때나 사회적 책임을 다할 때 눈앞의 이익에 연연하지 않으며, 세상의 비웃음에 개의치 않고 내 소신대로 행할 것이다. 내 존재는 이 우주가 가짜가 아니라 실재라는 것을 알기에, 내 인생의 최종 목적이 정의와 사랑의 실천임을 알기에, 때로는 간사한 무리들이 권력을 휘두르고 인간의 맑은 본성이 빛을 잃어도, 때로는 사사로운 욕심이 성공하고 공평무사가 실패해도, 나는 내 인생의 목적을 변덕스러운 세상의 흥망성쇠에 기대지 않고 만고불변의 법칙 위에 세우고자 한다. 즉 나는 스스로 있는 자I am that I am, 아멘이신 자, 신실하고 진실한 증인(계 3:14), 우주를 창조하시고 지금도 유지하고 계신 '영이신 하나님'을 믿으려는 것이다.

사마리아 여인에게 그리스도께서는 "하나님은 영이시다. 그러므로 하나님께 예배를 드리는 사람은 영과 진리로 예배를 드려야 한다"(요 4:24, 새번역)고 말씀하셨다. 이를 요즘 말로 바꾸면, "하나님은 정신이다. 그러므로 그에게 예배하는 사람은 정신과 진실로 예배를 드려야 한다"는 말이 될 것이다. 하나님은 우주의 정신이요 성실이시다(정신과 성실이 '페르소나'의 특성임을 기억하라). 이를테면 토머스 칼라일이 말하는 '영원한 성실Eternal Verity'이다. 묵시록 기자의 '아멘이신 자The Amen'이다. 우리가 믿기로, 구원은 내 성실을 가지고 성실하신 하나님을 믿음으로 이루어지는 것이다.

그렇다면 내가 자선사업을 하면서 하나님과 사람에게 봉사하려 했을 때 성실하지 않았던가. 목사가 되어서까지 하나님의 뜻을 따르려 했을 때 하나님을 믿지 않았던가. 그렇다. 당신은 성실했다. 또 하나님을 믿었다. 그러나 당신의 신앙은 온전하지 못하다. 당신의 신앙은 당신을 구원하기에는 부족하다.

성실하신 당신의 하나님은 우주의 주재자시며 무한한 사랑임을 알라. 하나님에게 당신 위치는 왕 앞에 서 있는 신하가 아니라 자애로운 어머니 품에 안겨 있는 아기임을 기억하라. 우리는 하나님에게 만 가지를 받고도 그중 하나도 갚지 못하는 자다. 하나님을 향한 성실 그 자체도 그분의 선물임을 어찌하랴. 우리의 재산과 몸과 영 모두를 하나님께 드린다 해도 그분은 다만 자기 것을 받았을 뿐이다. 하나님은 주시는 이요, 나는 받는 자다. 하나님은 은혜를 베푸는 이요, 나는 은혜를 받는 자다. 하나님은 사랑하시는 이요, 나는 사랑을 받는 자다. 무한한 사랑은 사랑하기를 원하지 사랑받기를 원하지 않는다. 하나님을 사랑하려는 자는 먼저 하나님의 사랑을 받아야만 한다.

그렇다. 나는 하나님의 정의와 올바름을 믿었다. 그분의 사랑도 어느 정도 알았다. 하지만 하나님의 전적인 사랑은 알지 못했다. 비록 지금은 안다고 하나 액면 그대로 믿기는 어렵다. 나는 막중한 책임을 진 하나님의 종이라 생각했고, 그래서 원금에 이자를 보태어 엄한 주인을 만족시키려 애썼다(눅 19장). 하나님의 사랑과 내 선행을 교환할 수 있다고 생각한 것이다. 그래서 먼저 나의 의로움과 선행으로 하나님의 친구가 된 다음 그와 대등한 계약을 맺으려 했다. 나는 내 주제도 모르는 오만한 자였다. 피조물인 내가 창조주 흉내를 냈던 것이다. 하나님의 아기에 불과했지만 나는 그의 형제나 된 것처럼 행동했다. 내가 하나님의 사랑을 충분히 받아 누리지 않았기 때문에 하나님이 나를 곤란하게 만드셨던 것이다. 아, 내 미련함도 어지간하지 않은가. 영원한 어머니eternal mother가 은혜를 받으라, 사랑을 받으라 재촉하는데 오히려 왜 내게 은혜를 베풀지 않느냐고, 사랑을 주지 않느냐고 외치며 내 편에서 하나님께 울부짖었으니. 아, 나는 참으로 미욱한 자이다.

하늘아, 환성을 올려라.
땅아, 기뻐 뛰어라.
산들아, 기뻐 소리를 질러라.
야훼께서 당신의 백성을 위로하시고
그 천대받는 자들을 극진히 사랑하셨다.
'야훼께서 나를 버리셨다.
나의 주께서 나를 잊으셨다'고
너 시온은 말하였었지.
여인이 자기의 젖먹이를 어찌 잊으랴!
자기가 낳은 아이를 어찌 가엾게 여기지 않으랴!
어미는 혹시 잊을지 몰라도
나는 결코 너를 잊지 아니하리라 (사 49:13-15).

이 무한한 사랑 앞에서 내가 할 일은 그의 손에 나를 온전히 내맡기는 것이다. 물고기가 물속에서 헤엄치듯 나는 하나님의 사랑에 빠져들어야 한다. 내 잘못은 마음 문을 열고 충분히 이 사랑을 받아들이지 않은 데 있다. 받아들이지 않는 것이 우리의 죄였다.

그러나 당신은 말할 것이다. "나 같은 죄인이 어찌 하나님의 무한한 사랑을 받을 수 있겠는가. 먼저 나 스스로를 깨끗이 하고 난 다음에 하나님의 사랑을 받아들이려 한다." 아, 누가 당신을 깨끗케 할 수 있단 말인가. 당신은 스스로 깨끗해지려 했으나 끝내 깨끗해지지 못했다. 당신을 깨끗케 할 수 있는 이는 오직 하나님뿐이다. 당신이 깨끗해진 다음에 하나님께 오려고 한다면 결코 영원히 하나님께 올 수 없을 것이다. 어머니의 손을 놓고 진흙탕에 빠진 아이가 스스로 깨끗이 씻기 전까지는 어머니한테 돌아가지 못한단 말인가. 어머니는 오히려 그 아이가 머뭇거리면서 더디 왔다고 책망하고는 곧 새 옷으로 갈아입히지 않겠느냐. 영원히 자비하신 하나님도 그렇게 하실 것이다.

그런데 의심으로 가득 찬 세상에 태어난 나는 아직까지 나를 맡길 만한 사람을 만나지 못했다. 간혹 사람을 믿고 나를 맡기면, 그는 나를 이용할 뿐 나를 진정으로 위해주지 않았다. 내게 결핍된 것은 남을 믿는 마음이다. 왜냐하면 죄악의 세상에 태어나 믿음을 키울 만한 기회를 갖지 못했기 때문이다. 하나님은 무한한 자애라고 한다. 그러나 그 증거가 어디 있는가. 자연도 사람도 나를 속이는데, 유독 하나님만은 나를 속이지 않는다는 확증을 내게 보여다오. 내게 이 확신이 일어나기 위해서는 실로 대단한 경험이 필요하다. 의심은 내 습관이다. 내가 믿으려 해도 내 기질상 쉽게 믿기질 않는다. "우리에게 아버지를 보여주십시오. 그러면 족하겠습니다." 이것이 인간의 절규다. 인류는 아버지를 찾고 있다. 하늘에 걸린 별과 들에 핀 백합이 모두 창조주의 사랑을 나타내 보인다. 그러나 태풍과 지진과 육식동물과 독초는, 내 오래된 의심을 걷어내고 하나님께 안심하고 돌아가 온전한 신앙으로 나를 내맡기는 것을 방해한다.

지난 6천 년간의 인류 역사는 어떤 섭리가 꿰뚫고 있음을 보여주지만, 수천 번의 전쟁이나 노예 매매, 인종차별과 약탈, 학대 등을 보면 사람이 사람의 원수요, 심지어 하나님은 인류가 도탄에 빠져 허덕이는 것을 보고 즐기시는 것이 아닐까 하는 생각마저 든다. 그래서 나는 내 죄가 확실히 용서받은 증거가 필요하다. 참으로 내가 하나님의 사랑받는 자라는 증거가 필요하다. 잘된 것인지 잘못된 것인지 판별하기 어려운 이 세상도

실은 잘된 것이며, 정의의 하나님이 이끄신다는 확실한 증거가 필요하다. 그렇지 않으면 나는 믿으려 해도 믿을 수 없다. 그렇다. 만일 우주에 하나님이 계시고 인류에게 하나님을 찾는 열망이 있다면 지금의 우주는 불완전한 우주다. 비애의 극장이요 하나의 정신병원이다. 스페인의 황태자 알폰소는 말했다. "하나님이 태초에 우주를 창조하실 때 내가 만일 그 상담역을 맡았더라면 하나님께 충고해 이런 세상을 만들지 않도록 했을 것이다." 우주 만물은 완전히 갖추어진 듯 보이지만 인간은 여전히 어려운 문제로 남아 있다. 우주는 이 한 점이 결여된 완전물인 듯하다.

낙원 회복

그리스도의 재림으로

마커스 도즈* 박사는 "그리스도가 재림하지 않는다는 전제 위에서 이 세계를 고찰하지 말라"고 했다. 그렇다. 절망스러운 이 세계는 그리스도라는 실재를 필요로 한다. 그리스도는 이 우주를 완전하게 만드는 존재다. 그리스도에 의해서만 인간 세상은 견딜 만한 곳이 된다. 그분에 의해서만 창조가 실패가 아

● 마커스 도즈(Marcus Dods, 1834-1909), 영국 스코틀랜드 장로교회에 속한 신학자.

님을 알 수 있다.

땅끝까지 흩어져 있는 사람들아! 모두 나에게 돌아와서 구원을 받아라. 내가 하나님이며, 나 밖에 다른 신은 없기 때문이다(사 45:22, 새번역).

구리뱀이 광야에서 모세의 손에 높이 들렸던 것처럼 사람의 아들도 높이 들려야 한다. 그것은 그를 믿는 사람은 누구나 영원한 생명을 누리게 하려는 것이다(요 3:14-15).

역설처럼 들리겠지만, 진리 중의 진리는 사람이 스스로 힘써서 선한 사람이 될 수 없다는 사실이다. 죄 중에 잉태되어 죄 가운데 성장한 인간이 자기 노력으로 죄에서 벗어나려는 것은, 샘물이 그 수원水源보다 더 높이 올라가려는 것이나 뱃사공이 바람을 타지 않고 자기 의지로만 배를 조종하려는 것과 같이 기대하기 어려운 일이다. 랠프 에머슨은 처세술로 청년들에게 "너의 수레를 별에다 매라!"고 권했는데, 이는 그리스도가 "너희가 나를 떠나서는 아무것도 할 수 없느니라"라고 하신 말씀과 같은 의미다. 우리의 구원은 그리스도 안에서 하나님과 연결될 때 가능하다. 그러므로 복음적 기독교가 확신하고 또 어떤 이유에도 흔들리지 말아야 할 것은, 그리스도의 삶과 죽음은 구원에 절대 필요조건이며, 그리스도를 통하지 않고서는 사람이 하나님과 하나 될 수 없고, 또 하나님에게 지은 죄를 용서받을 수도 없다는 사실이다. 이 신앙이야말로 기독교의 기초다.

> 이분에게 힘입지 않고는 아무도 구원받을 수 없습니다. 사람에게 주신 이름 가운데 우리를 구원할 수 있는 이름은 이 이름밖에는 없습니다 (행 4:12).

우리는 이 엄청난 사실을 추리로써 이해하는 것이 아니라 관찰과 실험을 통해 인식한다. 약품의 효능은 병리학상의 작용이 알려지기 전에 이미 있었듯이 그리스도의 영혼 구원의 능력은 우리가 그 이치를 충분히 이해하기 전에도 명확했다. 죄 짐에 눌리는 자, 양심의 가책으로 고민하는 자의 유일한 특효약은 그리스도의 십자가다.

모세의 율법을 지키며, 엄격하고 청렴한 바리새파 중에서도 명성이 자자했던, 당시 유대인으로서 자타가 인정했던 다소 출신의 바울도 내적 갈등에서 벗어나기 위해 '셋째 하늘'(고후 12:2)

까지 갔다 오고, 무한한 자유와 광활함을 얻기 위해 자기 재능을 배설물같이 여기며, 자기 수련을 우매한 맹신으로 간주하고, 베옷을 입고 먼지를 뒤집어쓰며 나사렛 예수의 십자가 앞에서 참회하고 용서를 빌어야 했다. 그때야 비로소 마음에 평안을 얻었다. 누미디아*의 한 청년이 커다란 야망을 품고 로마에 이르러, 서른 살도 채 되기 전에 글과 웅변으로 대가의 자리에 오르고 이탈리아 문단에 명성을 떨쳤다. 그러나 그의 탁월한 학문과 재능에도 불구하고 그는 삶의 고뇌로부터 자유롭지 못했다. 세 번에 걸친 결혼에서 불륜의 자식까지, 어리석은 짓인 줄 알면서도 육욕의 노예 생활을 마음껏 즐겼다. 그러던 그가 어느 날 아침 성서를 펼쳐 다음 구절을 읽는 순간, 기독교회는 성 아우구스티누스를 얻었고 정욕의 세계는 한 난봉꾼을 잃었다.

> 진탕 먹고 마시고 취하거나 음행과 방종에 빠지거나 분쟁과 시기를 일삼거나 하지 말고 언제나 대낮으로 생각하고 단정하게 살아갑시다. 주 예수 그리스도로 온몸을 무장하십시오. 그리고 육체의 정욕을 만족시키려는 생각은 아예 하지 마십시오 **(롬 13:13-14)**.

---

* 북아프리카의 한 지역으로, 아우구스티누스는 이 지역의 타가스테에서 태어났다.

독일의 튀링겐 숲 속의 한 사내가 어른이 되었을 때 성령이 그 마음을 격동케 하자 불안한 나머지 아버지의 만류도 뿌리치고 수도원에 들어가 금식과 기도로 고행하며 하늘의 노여움을 달래보려 애썼다. 그러나 어찌하랴, 그가 밖을 꾸미려 하면 할수록 악한 생각이 끊임없이 마음속에서 솟아났다. 안팎의 여러 가지 어려움이 그의 마음을 뒤집어놓으려 할 때, 그의 스승 슈타우피츠의 한 마디가 형언할 수 없는 생명력을 그의 마음에 불어넣었다. "의인은 믿음으로 말미암아 살리라." 하나님은 마르틴 루터의 죄를 용서하셨다. 우주는 버림받은 자식을 건져 올렸다. 그가 바로 후일 라인 강변에서 세계의 제왕들이 유럽을 맹신과 굴종의 옛 모습 그대로 고수하려 할 때, 로마의 교황권에 대항해 신앙의 자유의 화살을 날린 사나이였다.

 유물론자는 말한다. 루터가 미신에 취해 저지른 일이며, 멧돼지가 두려움을 모르는 것과 같다고. 윤리학자는 말한다. 이것은 루터의 의협심에서 나온 일이라고. 그러나 루터는 이렇게 말한다.

내가 만일 내 힘만 의지한다면
애써도 헛일이다.

하나님이 택하신 이가

나와 함께하시지 않으면.

그가 누구냐고 묻는가.

예수 그리스도 그분이라네.

만군의 주이시며

영원토록 변함이 없으시네.

영국의 베드퍼드셔 마을에 한 대장장이가 살았다. 그는 너무나 무식해서 아무도 그의 끝없는 물음에 답하며 이 세상의 이치와 도리를 이해할 수 있도록 설명해줄 수 없었다. 그런데 그의 가슴에는 순박하고도 예민한 영이 깃들어 있었다. 그가 신성한 인생의 귀중함을 깨닫게 되면서 전심으로 마음속에서 악한 것들을 몰아내려고 분투했다. 회개의 눈물은 그칠 새가 없었고, 용서를 구하는 외침은 그를 동정할 수밖에 없게 만들었다. 하늘을 쳐다보면 빛이 비추는데 자기 같은 죄인에게는 비추기를 아까워하는 듯했고, 땅을 굽어보면 초목이 그에게 의식주를 대기를 꺼리는 듯했다. 그는 양심이 없는 동물의 처지를 부러워했다. 그리고 영원한 형벌을 받는 그를 보며 조소하는 악마들의 음성이 들리는 듯했다. 그런데 이 무거운 짐을 진 나

그네도 그리스도의 십자가 앞에서 자기도 모르게 어깨 위의 큰 짐이 벗겨지는 것을 느꼈다. 그는 후일에 이 경험을 다음처럼 기록했다.

아, 그리스도, 그리스도! 내 눈에 그리스도를 제외하고는 아무것도 없게 되었다. 나는 지금 그리스도의 피, 매장, 부활 등 귀중한 사실을 따로따로 내 마음에 두는 것이 아니라, 예수를 완전하고도 충분한 구주로 바라보게 되었다. 내가 이미 받은 은혜는 마치 부자가 돈지갑 속에 넣고 다니는 푼돈 같은 것이다. 그의 금은보석은 집의 궤짝 속에 가득 차 있다. 나의 금은도 또한 내 구주이신 그리스도 안에 보관되어 있다. 주님은 하나님의 외아들과 연합하도록 나를 이끌어주셨다. 만일 그와 내가 일체라면 나는 그의 살의 살이 되고, 그의 의, 그의 공로, 그의 승리는 모두 내 것이다. 나는 이제 하늘과 땅에 사는 자임을 알았다. 즉 나는 나의 그리스도를 통해 하늘에 있는 자요, 내 육체로써 땅에 머무는 자이다. 우리는 그리스도에 의해서 의롭다 여김을 받았다. 그에 의해서 죽고, 그에 의해 죽음에서 부활했고, 그에 의해 죽음과 악마와 음부를 이겼다. 나는 외쳤다. "주를 찬미하라, 그의 성전에서 하나님을 찬미하라."

이 사람이 바로 《천로역정》의 저자로 가장 순수한 영어를 세계 문학사에 남기고, 스튜어트 왕조 말기에 가장 순수하고 힘 있는 복음을 영국 국민에게 전한 존 버니언이다.

여기에 또 무엇을 더 보탤 것인가. 총을 어깨에 메고 석양을 지고 집으로 돌아가던 길에, "하나님은 독생자를 주시기까지 세상을 사랑하셨다"는 하늘의 음성을 접하고는, 총을 땅에 내던지고 감사의 눈물과 함께 자신을 하나님 뜻에 내어 맡긴 비처Henry Ward Beecher. 폭풍우를 뚫고 퀘이커 교도의 예배당에 가서, "청년이여, 자기를 보지 말고 십자가를 보라"는 목사의 말에 감동되어, 언행과 성품에 큰 변화를 가져온 찰스 스펄전. 온전한 도덕을 오래도록 실천하여 하나님과 사람 앞에 자기를 의롭게 하려고 애썼으나 끝내 이루지 못하여,

> 큰 죄에 빠진 날 위해 주 보혈 흘려주시고
> 또 나를 오라 하시니 주께로 거저 갑니다.

는 노래로 시작되는, 환희로써 하나님을 찬미한 엘리엇 부인.*
아, 나는 그리스도의 십자가의 능력을 묘사하는 데 어눌한 내 필력을 한탄한다. 그리스도의 십자가라는 역사적 사건을 의심

하는 자는 등에 불이 들어와 깜깜한 밤을 비출 때도 전기의 존재를 의심하는 것과 같고, 거센 파도가 배를 집어삼킬 때도 태풍이 불지 않는다고 믿는 것과 같다.

  죄인의 괴수인 나도 마침내 이 역사적 사실을 대수롭지 않게 넘길 수 없게 되었다. 세례를 받은 지 십여 년, 온갖 어리석은 경험과 실패를 겪고 하늘이 준 체력과 지력을 하찮은 것들에 낭비하고 나서야, 죄인 된 모습 그대로 아버지의 자비만을 기대하며 집으로 돌아올 수밖에 없었다. 그 어떤 변명이나 내 의로움은 필요 없었다. 오직 나를 위해 처음부터 예비된 하나님의 어린양의 속죄만을 바랄 뿐이었다. 아! 하나님, 저는 믿지 않을 수 없어서 믿습니다. 예수 그리스도의 십자가를 보시고 용서할 수 없는 저의 죄를 용서해주십시오. 저는 이제 당신에게 드릴 단 하나의 선행도 없습니다. 저는 지금 스스로 의롭다며 뽐낼 선행이 하나도 없습니다. 제가 드릴 것은 피곤에 전 육신과 정신뿐입니다. 깨어진 마음뿐입니다.

- 샬럿 엘리어트(Charlotte Elliott, 1789-1871), 영미 시인이자 찬송가 작사가. 목사의 딸로 태어난 그녀는 병약한 몸에도 불구하고 강한 상상력과 박학다식한 지성을 가지고 많은 시와 150여 편의 찬송가를 작사했다. 인용된 본문은 새찬송가 339장의 가사다.

하나님이여, 주의 인자를 따라 내게 은혜를 베푸시며

    주의 많은 긍휼을 따라 내 죄악을 지워주소서.

나의 죄악을 말갛게 씻으시며

    나의 죄를 깨끗이 제하소서.

무릇 나는 내 죄과를 아오니

    내 죄가 항상 내 앞에 있나이다.

내가 주께만 범죄하여 주의 목전에 악을 행하였사오니

    주께서 말씀하실 때에 의로우시다 하고

    주께서 심판하실 때에 순전하시다 하리이다.

내가 죄악 중에서 출생하였음이여

    어머니가 죄 중에서 나를 잉태하였나이다.

보소서. 주께서는 중심이 진실함을 원하시오니

    내게 지혜를 은밀히 가르치시리이다.

우슬초로 나를 정결하게 하소서. 내가 정하리이다.

    나의 죄를 씻어주소서. 내가 눈보다 희리이다.

내게 즐겁고 기쁜 소리를 들려주시사

    주께서 꺾으신 뼈들도 즐거워하게 하소서.

주의 얼굴을 내 죄에서 돌이키시고

    내 모든 죄악을 지워주소서.

하나님이여 내 속에 정한 마음을 창조하시고
　　내 안에 정직한 영을 새롭게 하소서.
나를 주 앞에서 쫓아내지 마시며
　　주의 성령을 내게서 거두지 마소서.
주의 구원의 즐거움을 내게 회복시켜주시고
　　자원하는 심령을 주사 나를 붙드소서.
그리하면 내가 범죄자에게 주의 도를 가르치리니
　　죄인들이 주께 돌아오리이다.
하나님이여, 나의 구원의 하나님이여
　　피 흘린 죄에서 나를 건지소서.
　　내 혀가 주의 의를 높이 노래하리이다.
주여 내 입술을 열어주소서
　　내 입이 주를 찬송하여 전파하리이다.
주께서는 제사를 기뻐하지 아니하시나니
　　그렇지 아니하면 내가 드렸을 것이라.
　　주는 번제를 기뻐하지 아니하시나이다.
하나님께서 구하시는 제사는 상한 심령이라.
　　하나님이여, 상하고 통회하는 마음을
　　주께서 멸시하지 아니하시리이다 (시 51:1-17, 개역개정).

그때 한 음성이 내 전신에 스며들듯 들려왔다. "너의 제물을 내가 받았다. 너는 낡은 옷을 벗고 내가 너를 위해 준비한 의의 옷을 입으라." 나는 대답했다. "당신의 종이 여기 있습니다. 당신의 뜻을 따라 제게 은혜를 베푸소서." 이때 나는 의가 그리스도에게서 내게로 흘러들어 오는 것을 느꼈다 (막 5:30). 그리하여 환희와 평화와 감사가 번갈아 내 마음에 충만해져서 도저히 가만히 자리에 앉아 있을 수 없었다. 나는 곧 사람이 없는 숲 속, 후루루비쭉새가 둥지를 틀고 양의 울음소리마저 아득히 들리는 곳을 찾아, 맑은 개울가에 홀로 꿇어앉아서 감사 기도를 드렸다. 이제 내 기도에는 내 필요를 간구하는 말이 사라지고, 다만 말로 다 표현할 수 없는 선물 곧 그리스도를 주신 하나님께 감사드릴 뿐이었다.

그때 내 마음에 찾아온 평안은 우리 나라 메이지 유신 때 번주藩主*들이 천황에게 나라를 돌려드렸던 그 느낌이었다. 번주는 다스리는 영토와 보살펴야 할 백성이 있었고, 조정에는 공물을 바쳐야 했다. 그는 몇십만 석의 막대한 수입과 그의 영토

• 일본 에도시대에 제후가 다스리던 영지를 번(藩)이라고 하고, 그곳의 영주인 다이묘를 번주(藩主)라고 한다. 메이지시대에 와서는 점차 번 체제가 자취를 감추게 된다. 그러나 이런 명칭은 사실 당대의 표현이 아니라 현대의 역사용어다.

를 통치하는 막강한 권세를 누렸지만, 동시에 자기 영토를 외부의 적으로부터 지켜야 하는 염려와 신하들에게 평화와 가록家祿*을 나눠줄 책임 속에서 살았다. 이 염려와 책임 때문에 그는 영예와 권력을 손에 쥐고도 근심의 나날을 보내야 했다. 그런데 영토를 천황에게 봉환하자, 그에 따른 모든 책임 역시 천황이 떠맡게 되었다. 번주는 이제 완전히 조정의 신하가 되었고, 조정의 명을 받들고 그 은덕을 입기만 하면 되는 신분이 되었다. 자애로운 천황 폐하는 번주가 예전에 벌었던 수입의 십분의 일을 하사했고 고관대작의 지위까지 주어 후대했다. 영토 봉환은 일본의 정통正統이라는 황실의 권위를 높여주었고, 번주는 무익한 책임과 노고로부터 자유롭게 되었다. 이로써 천하 통일은 이루어졌고 서민은 태평성대를 구가했다.

나 역시 내 몸과 영혼을 하나님께 드리기 전까지는 '나'라는 작은 세계를 지배하는 작은 군주였다. 이 소국小國은 키가 160센티미터도 안 되지만, 갖가지 의무와 책임이 얽혀 있어서, 잘 다스리고 주어진 본분에 충실하려면 그야말로 온 마음과 힘을 다해야 했다. 이웃과의 관계 또한 복잡하기가 이루 말할 수 없

* 집안 대대로 세습되어 물려받는 녹.

었는데, 한쪽을 이롭게 하면 다른 한쪽이 해를 입고, 모든 사람을 만족시키려 애를 쓰면 쓸수록 아무도 만족시킬 수 없었다. 그렇다고 아주 소극적으로 행동하면 천도天道라는 대법령이 나의 냉담함과 비겁함을 책망한다. 물러서서 몸을 숨길 수도, 나서서 의무를 다할 수도 없다. 실로 이런 세상을 '괴로운 세상'이라 할 것이다. 이웃을 어떻게 대해야 할지 아직 방향과 계획을 세우지도 못했는데, 온 우주를 다스리시고 주재하시는 분이 와서 자꾸만 공물을 재촉하면서 "네게 은 5천 냥을 맡겼는데, 이제 이자를 갚으라"고 한다. 내가 만일 이를 무시하고 응하지 않으면 나는 무익한 종이 되고 어두운 바깥으로 내쫓기어 슬피 울며 이를 갈아야 하는 신세가 된다(마 25장). 나는 왕명을 따를 때 얻는 이익과 즐거움을 알고 있었지만, 나랏일은 힘들고 어려우며 왕명 또한 지엄하여 어길 수 없고, 공물의 미납액마저 해마다 늘어나서 살얼음을 밟고 있는 듯 두렵고 떨렸다. 나는 이 마뜩잖은 인생을 피할 수 없는 운명으로 여기고, 우울하게 소중한 세월을 허비했다.

그러나 내 온몸을 하나님께 드리라는 명령을 듣고는 생각했다. 내가 만일 내 소유 전체와 몸과 영혼을 하나님께 돌려드린다면, 하나님은 나를 가난하게 만들지도 모른다. 손에 쥔 참새

한 마리가 나무 위에 앉은 참새 두 마리보다 낫다. 물건은 되도록 소유하고 있는 게 좋다. 나는 내 수입에서 10분의 1만 바치리라. 대신에 전심으로 하나님을 내 주인으로 모시리라. 내 언행을 완전히 변화시켜 하나님의 종으로서 부끄럼 없이 살리라. 그러나 내 몸 전체를 하나님께 드리는 일은 여전히 긍정할 수 없었다. 게다가 내 곁의 윤리학자와 '신학자'들까지 나를 지지해주었다. 그들이 이르기를 "너 겁쟁이야, 너는 정녕 네 의무를 다할 수 없단 말인가? 하나님이 네게 도덕적 율법을 주신 이유는 그것들을 행할 힘이 네게 있기 때문이다."

사이고 다카모리(西鄕隆盛)가 말했다.

성현이 되고자 하는 뜻을 세웠음에도 옛사람의 공적을 보고 도저히 거기에는 이르지 못하겠다고 생각하는 것은 싸우다가 도망치는 것보다 더 비겁하다.

기독교의 속죄론은 사람을 나태하고 비겁하게 만들기에, 아는 것이 많고 용기 있는 사람이 뜻을 둘 만한 것이 못 된다고 한다. 그러면서 "너는 그리스도를 모범으로 배워라. 정신을 모아서 용맹 정진하면 이루지 못할 일이 있겠는가. 네 뜻을 굳게

해 모든 장애물을 뛰어넘어 온전한 삶이 무엇인지 그 본보기를 세상에 보여주라"고 한다.

이 생각 저 생각으로 망설이며 수년간 하나님으로부터의 독립을 유지하고 있었다. 내 영토를 유지하고 공물을 바치면서 군주로서의 권력을 보존했다. 그러나 더 이상 버틸 수 없을 정도로 궁핍해지자 영토 봉환을 생각할 수밖에 없었다. 내 자존심을 내려놓고, 윤리학자의 조롱을 받으며, 드디어 내 몸과 영혼과 욕심과 소원과 사랑과 의지까지도 모두 하나님께 넘겨주기로 결심했다. 그런데 보라, 비로소 나는 부유해졌다. 생명은 얻으려 하면 잃고, 잃어버리면 얻는다. 나는 나를 버려 비로소 나를 얻었다. 온몸을 드리자 지난날 벌었던 수입의 10분의 1이 아니라 하나님과 온 우주와 영원을 대가로 받았다.

영토를 봉환한 이후의 내 삶은 참으로 기쁘고 평온했다. 이제 내가 해야 할 것이라고는 하나님의 명령을 기다리는 것뿐이다. 모든 선한 것은 내 노동의 대가가 아니라 하나님이 내 믿음에 대한 상으로 주신 것이다. 그래서 하나님께 엄청난 것도 청구할 수 있는가 하면, 그분은 내 노동한 것과 비교할 수 없을 만큼의 대가를 선물로 주신다. 의식주에 대한 염려가 이제 내 마음에서 완전히 사라졌다. "자기 아들을 아끼지 아니하시고 우리 모든 사람을 위하여 내주신 이가 어찌 그 아들과 함께 모든 것을 우리에게 주시지 아니하겠느냐"(롬 8:32, 개역개정).

야훼는 나의 목자, 아쉬울 것 없어라. 푸른 풀밭에 누워 놀게 하시고 물가로 이끌어 쉬게 하시니 지쳤던 이 몸에 생기가 넘친다. 그 이름 목자이시니 인도하시는 길, 언제나 곧은 길이요, 나 비록 음산한 죽음의 골짜기를 지날지라도 내 곁에 주님 계시오니 무서울 것 없어라. 막대기와 지팡이로 인도하시니 걱정할 것 없어라. 원수들 보라는 듯 상을 차려주시고, 기름 부어 내 머리에 발라주시니, 내 잔이 넘치옵니다. 한평생 은총과 복에 겨워 사는 이 몸, 영원히 주님 집에 거하리이다(시 23편).

이제 나는 선을 의무로 여기고 행하지 않는다. 복음 전도든 자선이든 기쁨으로 한다. 존 하워드는 감옥 개량사업이 그의 취미라고 말했다. 그리스도인이 하는 모든 일은 그들의 기쁨이다. 리빙스턴*의 저서를 읽은 사람은 그의 말에 유머가 넘치는 것을 보고 놀란다. 사자에 물려 죽을 뻔했다가 조수의 도움

---

* 데이비드 리빙스턴(David Livingstone, 1813-1873), 스코틀랜드에서 태어나 글래스고의 앤더슨 대학교에서 의학과 신학을 공부했다. 아프리카 선교사.

으로 간신히 살아났을 때, 그는 웃으면서 이렇게 혼잣말을 했다. "우리에게 맡겨진 소명을 다할 때까지는 안 죽나봐." 또 그는 1872년 7월 10일, 2년간의 탐험을 마치고 바닷가에 도착하자 수첩에 다음과 같이 기록했다.

특별한 목적 없는 금식 기도는 시간 낭비다. 일종의 사치라 할 수 있다. 다른 이에게 조금도 이익을 주지 못하기 때문이다. 이것은 병중에 고통으로 신음하는 것과 같다. 어떤 사람은 앓을 때에 쉴 새 없이 신음소리를 내는 것으로 즐거움을 삼는 모양이다. 내 생각에는, 사순절 기간에는 해마다 아프리카 내륙의 원주민을 방문하는 일이 가장 유익할 것 같다. 이것이야말로 피할 수 없는 배고픔과 목마름을 감사하면서 받아들이는 길이다. 이뤄야 할 목적의 원대함을 안다면 사람은 설탕이나 차나 커피 없이도 참을 수 있다. 나는 1866년 9월부터 1868년 12월까지 이런 음식을 한 번도 맛보지 못했다.

이 사람이야말로 포효하는 사자, 숲에 도사린 큰 뱀, 고열의 전염병, 원주민의 공격, 파리의 습격 따위를 개의치 않고 기쁨과 찬양으로 30년을 하루같이 암흑대륙을 종횡으로 누볐다. 그러고는 마침내 "아! 하나님, 다시금 저의 온몸을 당신께 바치나이다. 원컨대 저로 하여금 아프리카 대륙이라는 인류의 질환을 치유하기 위해 한 사람의 몫을 온전히 감당하게 하소서"라는 말을 남기고, 적도 바로 아래 뱅웰루 호숫가에서 생애를 마쳤다. 그가 리빙스턴이었다.

의무를 입에 달고 사는 자는 의무를 다하는 사람이 아니다. 의무라고 생각하면 무거운 짐이 되고 마음이 눌려 그만큼 활동력은 저하되고 만다. 아무리 재미있는 공부라 해도 필수 교과목으로 강요당하면 꿀맛 같던 그 맛도 쓴맛으로 변하고, 아무리 고상한 일이라도 의무감으로 하면 무미건조하게 노예처럼 일하게 된다. 그리스도인이 큰 사업가가 될 수 있는 이유는 그가 이미 뜻한 바를 다 이룬 사람이기 때문이다. 하나님 앞에서 의롭다 여겨졌기에 구태여 사람들에게 명예를 구걸할 필요가 없다. 억만장자라서 돈을 더 벌지 않아도 괜찮은 사람이 경제계에서 늘 승리하는 것과 마찬가지다. 명장은 반드시 이길 싸움이 아니면 나서지 않는다고 하지 않던가. 그래서 그는 싸움터에 나가 쾌활하고 자유롭게 그리고 여유롭게 싸우면서 적을 곤경에 빠트린다고 한다.

일본이 가장 좋아하는 사무라이 연극인 〈주신구라(忠臣蔵)〉에 따르면, 억울하게 죽은 주군의 복수를 하려는 오이시나이 구라

노스케(大石內藏之助)는 원수인 기라 고우즈케노스케(吉良上野介)의 집을 습격하기 전에, 용사 두 명을 먼저 보내고 그들과 내응할 여자를 기라의 집에 심어둔다. 마침내 기라가 화장실에 가는 틈을 타 그의 목을 자른다. 목적한 바를 이루고 오랜 세월 쌓인 원한이 풀리자 모든 염려가 사라지고 당장 죽어도 여한이 없게 된다. 그래서 숙원이 풀리자 법대로 할복한다. 떠가는 구름이 달에 걸리지 않듯이 한판 승부로 충분했다. 오랜 세월 갈고 닦은 검과 바위라도 뚫을 듯한 화살로 주군을 위해 불사르자, 쌓인 흰 눈이 아침 봉우리의 봄바람처럼 흩어졌다. 아, 누가 거리낄 것 없는 이들의 창끝을 막을 수 있단 말인가.

그리스도는 "담대하라. 내가 세상을 이기었노라"(요 16:33, 개역개정)고 말씀하셨다(*nenikēka*, 시제가 현재완료형이다). 윤리학자와 유니테리언이 뭐라 하든 복음적 그리스도인이 용기를 얻고 안심할 수 있는 것은 그리스도께서 이미 성취하신 승리 때문이다. 우리가 해야 할 일을 그리스도께서 나를 위해 이미 이루셨다. 그분으로 인해 내 의는 이미 하늘에 있다. 나는 그분의 피로 이미 속량 받았다. 내가 얻을 것은 이미 얻었다. 이제 남은 삶은 보답하는 마음으로 싸움을 즐길 뿐이다. 바로 이 때문에 참된 그리스도인은 언제나 태연자약하고 여유가 있으며, 늙어서도 더욱 강건해진다. 무관왕無冠王 올리버 크롬웰이 일리Ely 지방의 농부였던 시절에 조카인 세인트 존 부인에게 보낸 편지에 이런 내용이 있다.

내 영혼은 장자長者의 교회에 있고, 내 육신은 희망과 평안에 있구나. 내가 이 땅에 살면서 하나님을 위해 일하고 또 그분의 영광을 인내하며 드러낼 수만 있다면 그보다 더 큰 행복은 없을 것이다. 하나님 편에 서서 헌신한 사람 가운데 나만큼 비천한 자가 또 있을까. 나는 이미 많은 상을 받은 셈이란다. … 아, 하나님의 은혜가 어찌 이리 깊은지. 나를 위해 하나님을 찬양해다오. 바라기는 내 속에서 선한 일을 시작하신 분이 그 일을 그리스도의 날까지 완성하시기를, 나를 위해 기도해다오.

토머스 칼라일이 이 편지를 이렇게 평했다.

아, 근세의 독자여, 이 편지가 이해하기 어려워 보여도 그 뜻을 이해하려 애써보면 좋겠다. 천만금보다 값진 영혼이 존재한다는 증거가 이 편지에 있다. … 그야말로 영웅이 일어나야만 하는 시대가 아니었던가. 영웅이 된다는 것은 어려운 일이 아니었다.

영국을 개혁해 유럽을 정화한 크롬웰의 큰 업적도 사실은 그를 죄에서 구하려 십자가에서 피 흘린 구세주에 보답하기 위해서였다. 그에게 그 공적은 그리스도의 십자가에 비할 때 배설물과 같은 것이었다. "주여, 제가 비록 비천한 죄인일지라도 은혜를 입어 당신의 언약 가운데 섰습니다"라는 고백이 그의 마지막 기도였다. 프랑스의 알퐁스 드 라마르틴, 영국의 프레드릭 해리슨 등이 크롬웰을 이해하지 못한 이유는 그의 종교를 제대로 이해하지 못했기 때문이다.

  그리스도의 구원을 맛보게 되면 마땅히 행해야 할 것들을 기쁨으로 감당하게 되고, 동시에 죄를 짓는 것은 고통이 된다. 선을 사랑하고 악을 미워하는 마음이 이때 비로소 움튼다. 말하자면 선악에 대한 내 호불호가 뒤바뀌는 것이다. 이제 선을 행하는 것이 더 이상 무거운 짐이 아니며, 악을 피하는 것도 그리 힘들지 않다. 옛날에 폭군들이 무엇이든 마음 내키는 대로 했듯이 그리스도의 구원에 참여한 사람은 자기 뜻대로 무엇이든 할 수 있게 된다. 선한 사람을 구속하는 법률은 없다. 악을 싫어하게 되고 선을 사모하게 되면, 그는 비로소 자유인이다. 그리스도가 말씀하신 "진리가 너희를 자유하게 하리라"(요 8:32), "하나님의 아들이 너희를 자유하게 하면 너희는 참으로 자유하게

낙원 회복

될 것이다"(요 8:36)라는 영혼 해방 선언은 바로 이런 상태를 가리키는 것임을 알았다.

내 죄는 용서받았다. 그런 내가 어떻게 다른 이의 죄를 용서하지 못하겠는가. 하나님은 나를 사랑하셨다. 하나님의 그 사랑이 내 속에서 넘쳐나는데 어떻게 내 이웃을 사랑하지 않을 수 있겠는가. 인간은 하나님의 용서를 경험하기 전까지는 다른 이를 진심으로 용서할 수 없다. 부富가 쌓인 후에야 덕德이 쌓인다는 말은 이를 두고 하는 말이리라. 유한한 인간의 영혼이 무한한 하나님의 사랑을 여러 사람들에게 나눠주려는 행위는 바람직하지만 실천하기는 매우 어렵다. 먼저 내 잔이 넘쳐야 내 기쁨의 온기를 다른 사람에게 전해줄 수 있는 법이다. 사랑의 원천은 하나님이다. 내가 하나님을 인격적으로 만나게 되면서 나는 그분의 사랑으로 충만해지고, 그 사랑은 다시 내 안에서 이웃을 향해 흘러나가게 된다.

이 주장에 반대하는 이들이 늘 인용하는 말씀이 요한복음 14장 15절, "너희가 나를 사랑하면 내 계명을 지켜야 한다"이다. 그리스도를 사랑하고자 하는 자는 먼저 그의 계명을 지키라고 말한다. 즉 계명을 지키는 것이 먼저고 사랑은 나중이라는 것이다. 이는 내가 주장하는 구원의 길과는 어긋나 보인다.

물론 성서는 전체 맥락을 보면서 읽어야 하므로 비록 한두 구절의 뜻이 다르다 해서 내 신앙이 변하지는 않는다. 그렇다 하더라도 이 구절의 앞뒤 맥락을 살펴보면, 그리스도가 그를 사랑하기 위한 필요조건으로 완전한 행위를 요구했다고 볼 수는 없다. 그리스도의 요구는 제자 된 자가 감사의 반응으로 그의 계명을 지키라는 것이다. 이는 은혜를 구원의 기초로 삼는 기독교 교리이며, 가장 알기 쉬운 진리다. 더욱이 최근 본문비평은 나를 지원하듯이 이 어려운 구절을 명료하게 해석해준다. '지키다*tērēsate*'는 '지키리라*tērēsete*'이다. 전자는 옛날 본문이며, 후자는 최근 성서비평학자들이 채용하는 본문이다. 영어 개역성서는 이를 따라 이전의 'Keep my commandments'를 'Ye will keep my commandments'로 바꿨다.* 따라서 전체 의미는 '그리스도의 계명을 지키는 것은 그분을 사랑하면 자연스럽게 따라오는 결과물이다. 그를 사랑하면 반드시 그의 계명을 지키게 될 것이다'이다.

그다음 내게 놓인 어려운 성경 구절은 요한일서 4장 20절의 후반, "보이는 자기 형제자매를 사랑하지 않는 사람이 보이지

---

* KJV는 전자를, NASB는 후자를 취하고 있으며, NIV는 'You will obey what I command'라고 옮겼다.

않는 하나님을 사랑할 수 없습니다"(새번역)이다. 내 신앙에 반대하는 이들은 "이것이야말로 형제 사랑을 하나님 사랑 앞에 두는 것이며, 하나님을 사랑하려는 사람은 먼저 형제를 사랑해야 한다는 교훈이다"라고 말한다. 내 대답은 이렇다. 이 구절을 근거로 대가 없는 구원에 반대하는 사람은, 시편의 "어리석은 자는 그의 마음에 이르기를 하나님이 없다 하는도다"(시 14:1, 개역개정)라는 구절을 가지고 성서는 무신론을 가르친다고 말하는 사람과 같다. 이 구절 앞뒤의 본문만 읽어도 사도 요한의 뜻을 더 분명히 알 수 있다. "우리가 사랑하는 것은 하나님이 먼저 우리를 사랑하셨기 때문입니다. … 누가 하나님을 사랑한다고 하면서 자기 형제자매를 미워하면, 그는 거짓말쟁이입니다"(요일 4:19, 20절 상반절). 보이지 않는 하나님을 사랑하는 자가 보이는 형제자매를 사랑하지 않을 수는 없기 때문이다.

그리스도인이 선을 행할 수 있는 힘은 바울이 말했듯이 "우리가 아직 죄인 되었을 때에 그리스도께서 우리를 위하여 죽으심으로 하나님께서 우리에 대한 자기의 사랑을 확증하셨느니라"(롬 5:8, 개역개정)는 사실에서 나온다. 이제 나는 도덕적 의무를 다하기 위해 악을 피하고 선을 행하는 것이 아니라, 그리스도의 사랑에 고무되어(*sunechei*, 이끌려서, 강요당해서) 선을 행한다. 말하자면 내 마음이 부요하고 넉넉하기 때문에 세상에 나눠줄 수밖에 없는 것이다. "만일 내가 복음을 전하지 않는다면 나에게 화가 미칠 것입니다"(고전 9:16). 내가 복음 전도에 열심을 내지 않는다면 내게도 화가 미칠 것이다. 내 마음에 넘치는 이 은혜를 나누지 않는다면 나는 환희로 폭발할 것이다. 나는 참으로 '사랑으로 병든'(아 5:8) 자다.

내게 평안을 주지 못했던 학문도 내가 하나님과 연합하면서부터 다시 무한한 기쁨과 위로를 가져다주었다. 우주는 참으로 장엄한 예술 작품이 되었다.

> 나는 더 이상 두렵지 않네. 불투명한 지면의 모습도
> 이제는 미소 짓는다. 유한한 것, 사라져가는 것,
> 느껴지는 것 모두가 성령의 날개 소리.
> 희망의 찬송가를 노래한다. _ 휘티어[*]

역사는 거대한 희곡으로 경험되고, 지구는 아주 큰 꽃동산으

---

[*] 존 그린리프 휘티어(John Greenleaf Whittier, 1807-1892), 미국 시인. 퀘이커 교도의 가정에서 태어나 공교육을 거의 받지 못했다. 훗날 기자로 활동하면서 노예 해방을 열렬히 주장했으며, 〈눈에 갇혀〉라는 장시로 유명하다. 인용한 시는 〈Revelation〉 마지막 연이다.

로 보인다. 우울했던 내 삶이 봄의 천둥소리와 함께 약동하고 겨울잠에서 갓 깨어난 벌레와 함께 눈뜨게 되니, 생명은 이제 감당하기 힘든 짐이 아니라 가장 유쾌한 몸짓이 되었다. 보고 듣는 것 중에 어느 것 하나 내 관심을 끌지 않는 것이 없다.

Christianus sum; nihil in rerum natura a me alienum puto.
나는 그리스도인이다. 고로 이 자연계에서 내게 낯선 것은 아무것도 없다고 생각한다.*

왜냐하면 바울이나, 아볼로나, 베드로나, 세상이나, 삶이나, 죽음이나, 현재 것이나, 장래 것이나, 모든 것이 다 우리의 것이기 때문이다. 그리고 우리는 그리스도의 것이고, 그리스도는 하나님의 것이다 (고전 3:22~23).

의무감에서 쓴맛이 빠지면 노동도 그리 괴로운 것만은 아니다. 이마에 땀을 흘리면서 빵을 구해야 하는 죄인도 이제는 안

• 브룩 F. 웨스트코트(1825-1901)의 *Christus Consummator*라는 책에 인용된 문구로, 로마의 극작가 푸블리우스 테렌티우스의 명언 "*Homo sum; humani nihil a me alienum puto*(나는 사람이다. 고로 사람에 관한 것으로 나와 관계없는 것은 아무것도 없다고 생각한다)"를 비틀어 한 말이다.

심과 기쁨 가운데서 하나님의 선물을 누리게 된다. 어느 경제학자가 말했던 "노동은 무거운 짐이다"라는 금언은 "노동은 기쁨이다"라는 말로 변한다. 오늘같이 번잡한 사회에서 누가 영원한 노동에서 영원한 안식을 찾겠는가. 사람들은 "휴식, 휴식!"을 부르짖는다. 그들은 과로를 가장 두려워한다. 노동자들은 노동시간을 하루 8시간으로 줄이려 동맹파업을 한다. 기러기가 봄가을로 추위와 더위를 피해 남북으로 이동하듯, 학자들도 피로가 두려워 이리저리 피해 다닌다. 노동의 주인이신 그리스도를 섬기는 종이자 목자라는 책임을 맡은 자도 피로라는 악마의 협박을 받아 휴식을 열망한다. 나쁜 질병이 양 무리에 침범해도, 하나님의 성전이 텅 비어 적막해도, 피로라는 한마디가 천금의 무게로 그들을 짓누르면, 세상의 게으르고 겁 많은 인간들처럼 산으로 달려가거나 해변에서 늘어지게 자고 싶어 한다. 이것이 오늘날 일어나고 있는 현상이다. 오늘날 사람들은 노동으로 피곤할 뿐 아니라, 피곤할지 모른다는 걱정으로 피곤해지고 있다.

  피로는 근육과 신경을 과도하게 사용해서 오지만 정신의 과로에서도 많이 온다. 근육과 신경은 사용하지 않을수록 더 쇠약해진다. "녹슬어 없어지기보다는 닳아서 없어지기를!"* 사용하지 않는 체력은 녹슨다. 노동보다 나은 건강 비법은 없다. 근심은 가장 고약한 독이며 피로는 병의 주된 원인이다.

솔로몬 왕은 "마음이 즐거우면 앓던 병도 낫고 속에 걱정이 있으면 뼈도 마른다"(잠 17:22)고 했다. 근심은 최선을 다하지 못한 책임 의식에서 생긴다. 부채가 한 인간의 성장에 최대 방해물이라면, 죄의 관념(하나님에 대한 빚)이야말로 무한한 생명력을 지닌 인간 영혼의 활동에 지장을 주는 최대 방해물이다.

우리는 죄에서 해방되면서부터 노동을 해도 큰 피로를 느끼지 않는다. 헤라클레스 같은 힘과 능력은 우리 주 예수 그리스도를 믿는 데서 생긴다.

피곤한 사람에게 힘을 주시며, 기운을 잃은 사람에게 기력을 주시는 분이시다. 비록 젊은이들이 피곤하여 지치고, 장정들이 맥없이 비틀거려도, 오직 주님을 소망으로 삼는 사람은 새 힘을 얻으리니, 독수리가 날개를 치며 솟아오르듯 올라갈 것이요, 뛰어도 지치지 않으며, 걸어도 피곤하지 않을 것이다(사 40:29-31, 새번역).

- 영국의 신학자이자 목회자인 조지 휫필드(1714-1770)의 명언.

양쪽 폐가 망가지고도 태연자약하게 사역했던 사와야마 바울˙, 인도의 열풍에 시달려가며 페르시아어로 성서를 번역한 헨리 마틴˙˙, 사회의 부정부패를 척결하기 위해 태산 같은 내우외환을 겪으면서도 팔순까지 건강을 유지했던 존 웨슬리가 그러했다. 시인 괴테가 말했던 "서두르지도 말고 쉬지도 말라"의 인생은 그리스도의 구원에 참여한 후에야 비로소 이룰 수 있다.

그렇다. 천도天道는 있다. 나는 죽음이 두렵지만 세상에는 이를 제거하는 방법도 있다. 내게는 하나님과 함께하려는 소망이 있고 동시에 그분에게 이르는 길도 있다. 세상에는 불만과 불행이 있다. 그러나 이를 넘어서는 기쁨과 만족이 있다. 세상에는 고통이 있다. 그러나 이를 치유하는 충분한 힘이 있다. 나는 기쁨으로 이 세상을 살아갈 수 있다. 나는 정숙하고 안연하게 하늘이 주신 지성을 연마할 수 있다. 나는 위선과 신성모독의 위험 없이 자선사업에 매진할 수 있다. 잘 가르치고 잘 양육하려 했던 내 아내는 유쾌한 가정을 내게 선물한다. 그리스도의 애신주의愛神主義는 이타와 이기라는 두 가지 주의를 초월해, 남

˙ 사와야마 바울(澤山保羅, 1852-1887), 일본의 교육자이자 목회자.

˙˙ 헨리 마틴(Henry Martyn, 1781-1812), 케임브리지 대학교를 졸업하고 성경을 힌두어, 페르시아어, 아랍어로 번역했다. 31세에 소천했다.

을 가장 이롭게 하면서도 나 자신을 가장 이롭게 하는 길을 내게 가르쳐준다. 나는 죄를 자각해 피할 수 있다. 나는 내게 부여된 사명이 하나님의 공의에 어긋나지 않는 줄 알기에 내 삶 전체를 걸고 그 사명을 받아들일 수 있다. 내가 갖고 싶은 것 중에 하늘이 내게 주지 않는 것은 없다. 창조는 결코 실패가 아니었다. 임마누엘 하나님이 우리와 함께 계시니 인생은 한번 살아볼 만하지 않은가.

속죄의 원리

그리스도의 죽으심으로

종교는 사실이요 경험이다. "우리가 들은 것이요, 우리가 눈으로 본 것이요, 우리가 지켜본 것이요, 우리가 손으로 만져본 것"(요일 1:1, 새번역)을 말하고 또 믿는 것이니, 그 원리가 어떠하든지 간에 우리 신앙은 흔들리지 않는다. 퀴닌quinine*의 효능에 관한 의학적 학설이 어떻든 해열제로서의 기능은 변하지 않

---

* 해열, 진통, 말라리아 예방 등의 효과가 있는 알칼로이드이다. 키나나무속(Quinine tree) 나무껍질에서 추출하는데, 말라리아 기생충의 헤모글로빈 섭취를 막는 작용을 한다.

는 것처럼, 죄에서 우리를 구원하는 복음의 효과는 이론적 해석 여부에 달려 있지 않다. 우리의 신앙이 이치에 어긋나서는 안 된다. 하지만 하나님은 직관적으로 알 수 있는 분이지 논리적 추론의 결과로 알 수 있는 존재가 아니다. "백 번 듣는 것이 한 번 보는 것만 못하다百聞不如一見"는 말처럼, 종교를 이해하기 위해서는 '육감第六感'의 제 기능과 발달이 필요하다.

그러므로 이 장에서 속죄의 원리에 대해 연구할 텐데, 그 전에 먼저 독자의 양해를 구한다. 내 해석에 따라 사실 여부를 판단하지 말라는 것이다. 사실은 사실이요 해석은 해석일 뿐이다. 사실은 자연이며 하나님의 것이다. 해석은 내 해석이므로 사람의 것이다. 전자는 아주 오랜 세대에 걸쳐 모든 사람의 실험으로 증명되어야 하지만, 후자는 시대와 해석자에 따라 변한다. 그래서 속죄 원리는 옛날부터 지금까지 여러 가설(교리라고 부르는 것)이 있었다. 이를테면, 인류가 악마의 포로가 되었기 때문에 하나님은 그 아들을 대속물로 악마에게 넘겨줌으로 인류를 되찾아왔다는 것이다. 또 하나님과 인간의 조화가 깨져 신이면서도 인간인 그리스도가 그 양자를 중보해 평화를 다시 회복했다는 이야기도 있다. 하나님의 공의는 죄인을 심판하지 않고는 용서하실 수 없기에, 하나님 스스로 인류의 죄를 지고 자신을 믿는 자들의 죄를 용서하는 길을 여셨다는 이론도 있다. 인류는 하나님의 사랑과 자비를 잊어버리고 회개할 길마저 스스로 버렸기 때문에, 하나님께서 그리스도를 통해 우리의 믿음을 도우시며 하나님께로 돌아가는 길을 여셨다는 교리도 있다.

이처럼 속죄론은 삼위일체론과 더불어 가장 첨예한 신학적 쟁점 중 하나로, 지금까지도 모든 이들이 동의할 만한 정설이 나왔다는 이야기를 듣지 못했다. 그럼에도 속죄론이 우리 이성에 배치되지 않는다는 증거는 어떤 식으로 접근하든 합리적으로 연구할 수 있다는 데 있다. 따라서 오늘날 제시되는 속죄에 대한 해석이 어느 하나 완전히 만족할 만한 것은 없지만 모두 얼마간의 진리를 포함하고 있다 하겠다. 속죄가 하나님 사랑의 정점이라면, 이를 잘 이해하기 위해서는 우주와 같은 폭넓은 지식과 깊은 사랑을 가져야 한다. 하지만 우리의 지식은 불완전하다. 솔직히 속죄의 깊은 뜻이 어디에 있는지 잘 모르겠다. 하지만 대략 추측해보자면, 이는 아마도 사도 바울이 로마의 그리스도인들에게 보낸 편지에서 그의 탁월한 지성으로 해석한 것을 시작으로 지난 2천 년의 기독교 역사에서 여러 성인이 사색한 결과의 종합에서 찾을 수 있지 않을까 싶다.

내가 십자가에 달리신 예수를 바라봄으로 죄의 짐을 내려놓을 수 있었던 것은 어떻게 가능했을까. 여기서 영혼 구원의 깊은 뜻과 원리를 간단명료하게 설명할 수는 없으나, 엄청나게 큰 내 상처가 어떻게 치유되었는지를 생각해보고자 한다. 하지만 독자여, 명심하라. 같은 약이라도 병에 따라 다르게 작용하듯이, 나와 다른 병을 가진 사람은 나와 다르게 생각할 수 있다는 것을! 하여 내 이유가 반드시 당신의 이유가 될 수는 없다.

  이 문제를 진지하게 연구할 때 주의할 점은, 진리를 탐구함에 있어서 신앙이라는 요소를 제쳐둬서는 안 된다는 것이다. 성 아우구스티누스는 "신앙이란 아직 보지 못하는 것을 믿는 것이다. 이 신앙이 믿는 것을 볼 수 있게 해준다"고 했다. 나는 보지 못하고 믿었지만 믿은 다음에는 볼 수 있었다. 내가 십자가를 믿지 못했던 이유는 그 까닭을 몰랐기 때문이다. 나는 이렇게 생각했다. 십자가의 대속이 이해할 수 없는 것이라면 신경증에 가까운 부흥회와 무슨 차이란 말인가. 나는 합리적인 종교를 찾고 있었기에 이치에 맞지 않는 것은 믿을 수가 없었다. 진리를 믿어 괴로워하는 편이 낫지, 미신을 믿어 안일하고 싶지는 않았던 것이다. "태평한 캐세이에서 천년 사는 것보다 동요하는 유럽에서 1년 사는 게 더 낫다."* 나는 진리를 희생해서까지 평안을 구하고 싶지는 않았다.

그런데 이 세상에 신앙에 의해서만 알 수 있는 진리가 있다는 사실을 잊고 있었다. 모든 지식의 기초인 만물의 본질은 신앙으로만 이해할 수 있다. 장미가 왜 향기로운가. 그 꽃잎에 향유가 있기 때문이다. 향유는 왜 향기로운가. 여기가 추리의 마지막 단계다. 엽록체가 푸른 이유는 그 성분을 안다고 해서 납득되는 건 아니다. 엽록체가 푸르기 때문에 푸르다고 말할 따름이다. 그런데 엽록체가 푸르다는 사실을 안 다음에 식물계의 여러 현상을 살펴보면, 소나무의 울창함, 단풍의 붉어짐, 알프스의 짙푸름, 안데스의 연한 남빛 등 이 모두가 단순한 엽록체의 변형임을 알게 된다.

창조를 보는 것도 마찬가지다. 하나님을 하나님으로 믿을 때만 이 우주가 한 중심을 두고 회전하는 거대한 기관인 줄 알게 된다. 진리는 진리 그 자체가 증거다. 하나님을 하나님으로 증명할 수 있는 이는 하나님 외에는 없다. 하나님에게 자신의 존재를 증명해보라고 한다면 "나는 곧 나다 I am that I am"(출 3:14)라고만 대답할 것이다. 사물이나 현상이 가진 고유한 특성을 믿

- 이 말은 원래 앨프리드 L. 테니슨의 서사시 〈Locksley Hall〉에 나오는 한 구절로, 원문은 "Better fifty years of Europe than a cycle of Cathay"이다. Cathay는 중국(China)을 가리키는 영어 고어다.

게 될 때에야 비로소 그에 대한 지식이 생긴다. 우주의 근본 원인이신 하나님을 믿지 않고서는 우주를 안다 할 수 없다. 철학자 라이프니츠는 이렇게 말했다.

> 마음 이외의 것 중에 직접 인식할 수 있는 것은 하나님뿐이다. 감촉으로 알 수 있는 외부 물체는 모두 간접적으로만 알 수 있다.

그러면 신앙은 미신과 어떻게 구별되는가. 이치를 따지지 않고 믿기 때문에 정어리 대가리도 믿기 나름이라 하지 않던가. 하나님이라는 개념이 미신을 믿는 사람의 망상이 아니라는 증거가 어디 있는가.

믿어서 진리가 더 뚜렷해지고 분명해지면 신앙이라 하고, 더 불명확하고 불투명해지면 미신이라 한다. 진리는 우리의 본성과 잘 조화되기에 믿을수록 내 모든 성품에 기쁨과 긍정이 깃들지만, 오인誤認은 자기 자신과의 조화를 깨뜨리므로 믿을수록 선한 성품의 전부 또는 일부가 망가진다. 충분한 만족은 진리를 충분히 이해했다는 증거다. 진리를 깨달았을 때 이성과 감성은 아멘으로 화답하고, 산과 언덕이 소리 내어 노래하며 들의 모든 나무가 손뼉을 칠 것이다(사 55:12). 아르키메데스는 물질의 밀도에 따라 비중比重이 다르다는 원리를 발견하고는 벌거벗은 채 밖으로 뛰어나가 이를 알렸고, 샹폴리옹*이 가설을 세워 '로제타석'을 해독하자 파라오의 미라가 다시 말하기 시작했다. 내가 진리에 도달하자 내 마음의 진리가 이렇게 외친다. "그녀는 내 자매다." 영은 영에게 응답하고 진리는 진리와 짝을 이룬다. 하늘이 맺은 부부는 사람이 자기 마음대로 나눌 수 없다. 진리가 진리를 사모하기 시작하면 서로 짝을 이루어야만 한다.

> 만족하지 못한 사랑은 높은 곳을 바라는 자의 지극한 고통이며, 저주받은 자의 처지다. 그러나 내 사모하는 이에게서 비쳐오는 더 완전한 사랑은, 내 날개에 힘을 주어 내 자아 너머로 비상하게 만들고, 내가 이상으로 그리는 내가 되게 한다. _ 라이더 해거드**

• 장프랑수아 샹폴리옹(Jean-François Champollion, 1790-1832), 프랑스의 이집트 연구가. 열여섯 살에 12개의 언어를 마스터했고, 스무 살이 되어서는 라틴어, 그리스어, 히브리어, 산스크리트어, 콥트어까지 했다는 천재 언어학자. 고대 이집트 상형문자 해독에 큰 공을 세웠다.

•• 헨리 라이더 해거드(H. Rider Haggard, 1856-1925), 영국 소설가. 10년 동안의 남아프리카 생활로 수많은 영감을 받았고, 아프리카라는 신비의 땅을 소재로 한 모험 이야기는 전 세계 독자들을 열광시켰다. C. S. 루이스, J. R. R. 톨킨, D. H. 로렌스 등 많은 작가에게 영향을 미쳤다.

신앙과 미신의 구별은 이와 같다. 그렇다. 나는 내 목자의 음성을 안다. 복음서에 기록된 그리스도의 말씀과 사역이 죄에 시달리는 영혼을 특별한 힘으로 끌어당기는 이유도 바로 이 때문이라고 나는 믿는다. 그리스도는 우리 심령의 신랑이기에, 신부는 본능적으로 그가 자기 남편인 줄 안다. 진리를 탐구할 때 이 같은 기능을 결코 경시해서는 안 된다.

남자가 머뭇거리는 지혜로 나중에야 아는 것을
여자는 더 귀한 덕으로 먼저 감지한다.

내가 회개한다 해도 나를 용서하시는 하나님이 계시지 않는다면 어떻게 한단 말인가. 방탕한 아들이 집으로 돌아가도 "멀리서 그를 보고 측은한 생각이 들어 달려가 목을 끌어안고 입을 맞추는 아버지"가 없다면 무슨 면목과 용기로 아버지 집으로 향하겠는가(눅 15장). 나는 내 죄가 너무 부끄러워 하나님 앞에 다시 나아갈 수가 없다. 내 마음에 도사리고 있는 죄가 나를 가로막고는 하나님께 돌아가지 못하게 한다. 인류는 이미 하나님 앞에서 쫓겨났으며, 불꽃 검이 생명나무에 이르는 길을 지키고 있다(창 3:24). 내가 구원받기 위해서는 먼저 그분이 내게 오셔야만 한다. 죄를 짓기 전에는 공의의 하나님과 친구 관계였으며 그분과 직접 교제할 수도 있었다. 그러나 죄로 더럽혀진 지금은 정의의 하나님의 빛을 감당할 수가 없다. 흰옷을 입은 자만이 하나님나라에 들어갈 수 있다. 진흙투성이며 만신창이가 된 내가 어찌 그 앞에 설 수 있단 말인가.

그러니 내 어찌 죄 사함에 대한 필요를 느끼지 않겠는가. 즉 죄인인 나는 하나님 앞에 나아가길 원한다. 그런데 내가 하나님과 화목하기 위해서는 공의의 하나님만이 아니라 자비의 하나님, 구원의 하나님으로 그분이 내게 오셔야만 한다. 그의 자녀인 인류가 스스로 죄의 노예가 되었으므로, 이 엇나간 자녀에게 그의 사랑이 스며들게 하려면 하나님 자신이 구세주로 오셔야만 한다. 그리스도는 특별한 힘으로 사람들을 자신에게로 이끄시는데, 이는 인간의 마음속에 자리한 이 크나큰 갈망을 그가 채우시기 때문이다.

그리스도가 존경받는 이유는 분명히 그가 도덕적으로 완전하기 때문이다. 그리스도를 하나님의 독생자로 인정하지 않았던 슈트라우스*도 그의 행적에 대해 평하기를, "소크라테스는

---

* 다피트 프리드리히 슈트라우스(David Friedrich Strauss, 1808-1874), 독일의 자유주의 신학자이자 작가. '역사적 예수 연구'의 선구자 중 한 명이다.

사람같이 죽었고 그리스도는 하나님같이 죽었다"고 했다. 시인 괴테처럼 기독교를 논할 때 늘 피상적으로만 파악하고, 인생 역시 심미적으로만 이해한 사람조차도 그리스도의 품성에 대해서는 이렇게 말한다.

이성이 아무리 진보한다 해도, 학술 연구가 아무리 치밀해진다 해도, 인지 개발이 극에 이른다 해도, 결코 복음서에서 빛나는 기독교의 고상한 도덕을 초월하지는 못할 것이다.

그리스도의 신성과 이적을 부정하는 사람은 많아도, 미친 사람이 아니고서는 그의 고결하고 사심 없는 품성을 부정하지 못한다. 그러기에 유니테리언주의자들은 그리스도가 그의 완전 무결한 품성 때문에 구주가 되셨다고 믿는다.

고결한 품성에 속죄의 힘이 있음은 두말할 필요가 없다. 영웅에게는 일종의 감화력이 있는 것 같다. 그에게 가까이 가면 그의 내적인 힘에 우리도 전염된다. 윤리학 강의가 아니라 살아 있는 윤리를 만나면 진리의 맑은 물이 내 안으로 흘러든다. 소크라테스의 최후 장면을 읽을 때마다 책상 앞에 못 박힌 사람처럼 생각에 잠겨 돌부처처럼 정숙해진 프랜시스 베이컨이 있다. 만

권의 책으로도 선한 영향을 받지 않는 거친 사내도 럭비 스쿨 Rugby School의 아널드*를 만나면 평생 사라지지 않는 온화한 감화를 받았다. 모리요시(護良) 친왕의 요시노 산(吉野山)에서의 농성 이야기를 통독하면서 용기를 냈던 후지타 도코(藤田東湖)**도 있다. 군자는 살아 있는 부처이며 역사는 살아 있는 철학이다.

그리스도는 품성의 모범을 삼기에 가장 완전한 사람이다. 어떤 사람은 우리가 그리스도의 품성을 계속해서 주목하고 그를 본받는다면 마침내 그분처럼 완전해질 수 있다고 열심히 부르짖는다. (헨리 드러먼드***의 연설집 중 "변화된 삶The Changed Life" 편을 보라.) 그리스도처럼 되는 것은 그리스도인들이 바라는 최고의 목표다. 따라서 그리스도를 생각하고 그를 깊이 배우면 배울수록 그만큼 그리스도를 더 닮게 된다는 사실은 의심할 여지가 없다.

하지만 내게는 그리스도와 같이 될 수 없는 결정적 원인이 있다. 그 어떤 감화력으로도 제거할 수 없는 죄가 내 안에 박혀 있다. 먼저 이 죄 문제를 해결하지 않고는 그리스도처럼 생각

---

* 토머스 아널드(Thomas Arnold, 1795-1842), 영국의 교육가이자 역사가. 1828-1841년에 럭비 스쿨의 교장으로 있었다.
** 에도시대 말기 존왕양이론을 대표하는 이론가, 정치가로 전국적인 명성을 얻었다.
*** 헨리 드러먼드(Henry Drummond, 1851-1897), 스코틀랜드 복음주의자, 작가, 대중강연가.

하고 행동할 수 없다. 그리스도의 마음을 내 마음으로 삼으려면 먼저 내 마음에 근본적인 변화가 있어야 한다. 그리스도의 속죄 없이도 인간이 그리스도처럼 될 수 있다는 말은 비누 거품만으로 흑인이 백인이 될 수 있다는 말과 같다.

그리스도의 구속 사역은 두 가지로 나뉜다. 첫째는 인류에게 완전한 삶을 가르치는 것이고, 둘째는 인류의 죄를 대신 짊어지고 제거하는 것이다. 전자는 구원의 최종 목적이고, 후자는 전자로 인도하는 필요 수단이다 (벧전 2:21). 완전한 사람이 되려면 사람을 불완전하게 만드는 죄를 먼저 해결해야만 한다. 왜냐하면 죄에서 벗어나지 못한 사람은 죄를 범할 수밖에 없기 때문이다.

그러면 어떻게 그리스도의 죽음과 고난이 그를 믿는 사람들의 죄를 없앨 수 있는가. 흔히 말하는 '속죄의 원리'는 무엇인가. 사람이 타인의 고통으로 말미암아 자기가 지은 죄에서 벗어날 수 있는가.

이 문제를 다루기에 앞서 모든 선한 사람에게는 속죄하는 특성이 있다고 인정할 수밖에 없다. 우리 인류는 연대책임으로 서로 연결돼 있다. 한 사람의 죄가 인류 전체에 영향을 미치고 한 나라의 잘못된 정치가 전 세계 모든 나라에 손해를 입힌다. 내 형제가 죄를 범했으니 내게 책임이 없다고 말할 수 없다. 우리

국민이 다른 나라 사람에게 손해를 끼쳤다면 우리 모두 그 책임을 져야 한다. 죄 없는 자가 죄 있는 자의 죄를 짊어지지 않으면 죄는 소멸되지 않는다. 이것이 세상의 이치다. 미국인이 욕심의 노예가 되어 인류의 근본을 어기고 노예 매매제도를 실시하자, 의인 존 브라운*은 해리스 나루터의 교수대에서 그 죄의 제물로 희생되었다. 이어 50만 명의 목숨이 전쟁의 소용돌이 속에서 속죄의 피를 쏟았다. 2,000만 명의 신도가 기도하고 각고의 노력 끝에 겨우 총칼을 거두었으나, 마지막으로 진노의 하나님은 대통령 에이브러햄 링컨의 피를 받으셨다. 그래도 내란의 폐해는 온전히 씻기지 않았으며, 남북은 여전히 원한을 품은 채 서로 물고 뜯었다. 이때 강직한 애국자 제임스 가필드**가 미치광이의 손에 정의로운 희생 제물로 살해당했다. 그러자 비로소 국민들은 동포끼리 싸우는 잘못을 뉘우쳤으며, 반세기에 걸친 분쟁은 끝이 났다. 그리하여 공평한 공화정치가 앨러게니

---

* 존 브라운(John Brown, 1800-1859). 미국의 노예제도 폐지론자. 노예제도 폐지는 오직 무장봉기로 가능하다고 주장하다 주정부에 대한 반역죄, 5명의 살인죄, 노예들의 반란 선동죄로 교수형되었다.
** 제임스 A. 가필드(James Abram Garfield, 1831-1881). 미국의 20번째 대통령. 윌리엄스 대학교 25회 동창회에 참석하러 워싱턴을 떠나다 저격을 당했다. 미국 대통령 중에서 두 번째로 재임기간(1881.2.4.-9.19.)이 짧았다.

산맥*을 따라 펼쳐지고 미시시피의 맑은 흐름이 평안히 바다로 흘러들게 된다.

오렌지 공公 윌리엄**의 보혈은 네덜란드 공화국을 스페인의 미치광이 왕 펠리페 2세의 손에서 구했다. 네덜란드가 3백 년간 이룬 번영은 그의 순교자적 죽음에 힘입은 것이다. 이를 작은 예로 축소해보면 다음과 같다. 어느 집안에 망나니 같은 아들이 있는데, 이 때문에 아버지는 애간장이 녹고 형제들은 침식을 잊을 지경이었다. 그러다 어머니마저 병석에 눕더니 마침내 그 아들 이름을 부르며 눈을 감고 말았다. 그러자 바윗돌 같았던 아들의 마음도 비로소 녹아 회개하고 아버지의 용서를 구하기에 이르렀다.

사랑이 많으신 하나님이 왜 인간에게 피를 요구하시는지는 알 수 없는 심오한 비밀이다. 그러나 사람과 사람을 연결해 인류를 생각하는 존재로 만들려면 연대책임은 반드시 필요하다. 만일 유니테리언이 주장하듯 사람은 각자 자기 짐을 져야 하고

- 미국과 캐나다 동부로 이어지는 애팔래치아 산맥의 일부.
- 오라녜 공 빌럼 1세(Willem, 1533-1584), 네덜란드 공화국의 초대 세습 총독이자 스페인과 가톨릭에 대항하여 독립을 이끌어낸 지도자였다. 펠리페 2세의 지지자였던 가톨릭 신자의 총에 저격당했다.

남이 자기 죄를 대신 져줄 이유가 없다는 교의가 진리라면, 왜 무지한 흑인 노예를 위해 정의로운 개리슨*의 고난이 필요했는가. 가련한 정신병자는 드로테야와 딕스(둘 다 유니테리언 신자)의 천사 같은 배려와 노고가 왜 필요했는가. 그렇다. 나는 다른 사람의 죄를 져야 하고, 다른 사람은 내 무거운 짐을 져야 한다(갈 6:2). 이로써 나는 나만의 내가 아니라 인류 전체의 책임을 함께 지는 자가 된다. 나는 내 이웃이 당할 채찍질을 내 몸으로 받아 이웃의 아픔을 덜어줄 수 있음이 사람됨의 더할 나위 없는 영광이라 믿는다.

인류 사회가 정의로운 자, 의로운 자의 업적과 덕에 의해 세워지듯이 사회가 존속하기 위해서는 의인의 존재가 반드시 필요하다. 나라가 망하는 이유는 책사가 없어서가 아니라 의인의 수가 모자라기 때문이다. 하나님이 아브라함에게 이르기를, "소돔 성에 죄 없는 사람이 오십 명만 있으면, 그 죄 없는 사람을 보아서라도 다 용서해 줄 수 있다"(창 18:16 이하)고 하셨다. 옛날부터 오늘에 이르기까지 덕이 높고 정의가 이루어진 나라가 망했

• 윌리엄 L. 개리슨(William Lloyd Garrison, 1805-1879), 미국의 저널리스트, 여성 참정권론자, 노예해방운동가. 주간신문 〈해방자〉를 발행하여 노예제도 폐지를 끊임없이 주장하며 노예제 폐지운동에 큰 영향을 주었다.

다는 이야기는 들어본 적이 없다.

생명의 아버지인 하나님은 인류가 전멸하기를 바라지 않으셨고, 그 때문에 끊임없이 고결한 인물을 세상에 보내 부패를 막고 부정을 제거하셨다. 인류 사회가 생존하려면 끊임없이 맑은 기운을 불어넣어야 한다. 의인 아벨이 형 가인의 손에 쓰러질 때부터 오늘에 이르기까지 사회의 부패는 언제나 의인의 피로써만 늦춰지고 멈춰졌다. 그러므로 하나님이 인류 전체를 치유하시고 지구와 이곳에 거하는 인간을 미리 정하신 행복의 자리에까지 끌어올리기 위해, 하나님 스스로 육신을 입고 이 혼탁한 세상에 오셔서 한없는 복의 근원이 되셨다는 기쁜 소식은, 사랑이신 하나님과 인간과 하나님의 관계를 아는 이들에게는 결코 믿기 어려운 내용이 아니다.

일찍이 한 그리스 철학자는 그 시대가 부패하자 "하늘의 신이 몸소 와서 세상을 구하지 않는 이상 이 세상은 결코 구제받지 못할 것이다"며 탄식했다고 하는데, 이는 당연한 말이다. 세상을 구원하는 데 하나님까지는 필요 없고 의인과 영웅만으로 충분하다고 믿는 사람은, 반역자가 날뛰고 나라를 지키는 군대는 갈수록 그 힘이 약해지는데 왕이 직접 나서서 다스릴 필요까지는 없다는 사람과 같다. 역적이 들끓을 때 백성을 사랑하는 어진 왕이 있다면 백성은 그가 친히 나서주기를 바라며, 왕 또한 그러한 마음일 것이다. 칼과 깃발이 이미 역적의 간담을 서늘케 했고, 왕이 직접 맨 앞에 나섰으니 반역자 진멸은 이제 시간문제다.

옛적에 선지자들로 여러 부분과 여러 모양으로 우리 조상들에게 말씀하신 하나님이 이 모든 날 마지막에 아들로 우리에게 말씀하셨으니 이 아들을 만유의 후사로 세우시고 또 저로 말미암아 모든 세계를 지으셨느니라. 이는 하나님의 영광의 광채시요 그 본체의 형상이시라. 그의 능력의 말씀으로 만물을 붙드시며 죄를 정결케 하는 일을 하시고 높은 곳에 계신 위엄의 우편에 앉으셨느니라. 저기 천사보다 얼마큼 뛰어남은 저희보다 더욱 아름다운 이름을 기업으로 얻으심이니 (히 1:1-4, 개역개정).

무한한 사랑이 세상에 임했다. 그의 은혜로운 덕은 흘러 영원까지 이를 것이며, 세상이 변해 천국이 되는 기틀 역시 하나님의 아들 예수 그리스도가 오시면서 마련되었다.

사람이 가진 속죄의 힘은 그의 품성의 높고 낮음, 그리고 그가 받은 고통의 크기에 비례한다. 죄인이 자기가 지은 죄 때문에 그에 부합하는 형벌을 받는다면 그 고통에는 속죄하는 공로가 없다. 그의 형벌로 인해 혜택을 보는 사람은 아무도 없다. 그런데 절도범이 재판관의 실수나 변호인의 불친절로 강도죄에 해당하는 형벌을 받았다면, 이는 많은 이들의 안타까움을 사게 되고, 마침내 재판관과 변호인에게까지 영향을 미치게 된다. 이로 인해 그들은 자신의 부정과 부실을 뉘우치고 다시는 그 같은 실수를 반복하지 않을 것이다. 그리하여 절도범의 억울한 형벌은 다른 죄인을 부당한 형벌에서 구하게 된다.

이제 다른 예를 들어보자. 아무런 죄도 없는 사람이 강도죄로 처벌되었다면, 그가 법정과 일반 사회에 미치는 영향은 앞의 예와는 비교할 수 없을 정도로 클 것이다. 한 걸음 더 나아가 처벌을 받은 사람이 죄가 없을 뿐만 아니라 심지어 의인이었다면, 이야기는 완전히 달라진다. 그 영향력은 그의 선행이 많고 그의 형이 무거울수록 더 커질 수밖에 없다. 백성의 무고한 죽음으로 탐관오리의 약탈이 중단되기도 한다. 의로운 농부 슈고로(宗伍郎)의 처형으로 사쿠라(佐倉) 농민들이 학정을 면했고, 아이즈 번(会津藩)의 회복은 세 충신의 할복으로 가능했다. 메이지유신의 완성은 오쿠보 고토(大久保甲東)*의 피로 가능했다. 래티머**가 화형당하자 잔인한 메리의 세력이 꺾였고, 햄던 전투

Battle of Hampden에서 무너지면서 스튜어트 가문은 쇠퇴하기 시작했다. 세상에 의인의 죽음보다 더 큰 힘은 없다. 죽은 제갈공명이 살아 있는 중달仲達을 도망치게 했다. 군대의 힘으로도 안 꺾이는 포악한 왕이나 간신도 마찬가지다. 의인의 죽음으로 꺾이지 않는 것은 없다. 죄는 고통으로만 지울 수 있다. 피 흘림이 없으면 사함도 없다(히 9:22).

어떤 사람은 이렇게 말할지 모른다. "하나님의 사랑은 무한하다. 만약 하나님이 우리 죄를 용서하시고자만 한다면 속죄의 방법이 아닌 그의 특권으로 용서하실 수도 있다. 부모도 자식이 죄를 뉘우치고 용서를 구하면 그 잘못을 용서하지 않는가. 하물며 하나님이심에랴. 속죄는 아시아에서 전제군주가 백성을 벌할 때, 신하가 중재하고 읍소하면 그 죄를 사해주는 것과 유사하다. 그런 면에서 속죄는 하나님에 대한 가장 무지몽매한 사상이다. 하나님에 대한 단순하고도 고상한 사상은 속죄의 어리석음을 배격한다."

그런데 과연 그러한가. 부모는 아무 조건 없이 자식의 잘못을

- 1878년 향년 50세로 사망. 에도시대 말기부터 메이지유신 시대에 걸쳐 활동한 정치인. 왕정복고를 주장했으며, 정한론 반대자였다.
- 휴 래티머(Hugh Latimer, 1487-1555), 영국 성공회 주교. 메리 1세의 박해로 순교했다.

용서하는가. 물론 아직 사리를 분별하지 못하는 자식의 죄는 죄라고 할 수 없다. 그러나 죄인 줄 알면서도 죄를 지은 경우에는 아무 이유 없이 용서하지 않는다. 엄한 아버지라면 결코 그렇게 하지 않는다. 이는 아버지의 위엄을 지키기 위해서도 필요하지만, 자식의 자유의지를 존중하기 때문이기도 하다. 이유 없이 자식의 죄를 용서하는 아버지는 자식을 사랑하지 않는 아버지다. 그가 아버지의 특권으로 자식을 용서한다면, 집안의 질서가 무너지고 아들의 정의로운 마음은 해이해진다. 진정한 사랑은 자비와 정의의 결합이다. 우리가 법률적 개념을 사용해, 그리스도가 십자가에 달려 죽음으로 인류의 죄를 용서하기 위해 하나님의 공의를 만족시켰다고 보는 것도 이 때문이다.

속죄의 적절한 보기로 늘 인용되는 실례가 있다. 로마의 역사가 발레리우스 막시무스Valerius Maximus가 기록한 그리스 왕 잘레우쿠스Zaleucus의 행적인데, 다음처럼 쓰여 있다.

아주 오랜 옛날, 그리스 왕이 간음한 자는 귀천을 막론하고 반드시 두 눈을 멀게 하여 소경을 만드는 새 규례를 만들었다. 그런데 공교롭게도 규례를 정한 다음에 왕자가 간음을 하고 말았다. 이 소식을 들은 왕은 큰 근심에 빠졌다. 예외를 인정해 왕자를 벌하지 않는다면 친족이란 이유로 벌을 주지 않는다며 백성들이 복종하지 않을까 두렵고, 예외 없이 벌한다면 눈이 먼 왕자가 천하를 다스리지 못할 테니 나라에 주인이 없는 꼴이 되고 만다. 그야말로 진퇴양난이었다. 결국 왕은 자기 한쪽 눈을 찔러 아들의 한쪽 눈을 대신했고, 이로써 규례를 엄수하는 모범을 보였다. 왕자가 형을 피할 수 없으니 왕 스스로 형을 함께 진 것이다. 이리하여 인자함과 의로움이 모두 지켜졌기에 백성은 그 덕에 감복해 왕이 정한 법률에 더욱 복종했다.

인본주의를 지향하는 최근의 한 신학자는 이 같은 사례가 시대에 뒤처졌다고 평가하면서, 법률적 속죄론은 이율배반적이라며 무시한다. 여기서 잘레우쿠스 왕의 행동을 변호할 여유는 없지만, 독자들을 위해 한 가지는 짚고 넘어가고 싶다. 소위 인간 존중 사상이 발달하면서 법률적 사상은 느슨해지고, 그 결과 사랑과 자비가 갈피를 잡지 못하여 사랑이 사랑답지 않게 되었다. 악을 불쌍히 여긴 나머지 악을 미워하지 않더니, 급기야 고통을 차마 눈 뜨고 볼 수 없다는 감상적 감정에 지배되어 정의 실천을 주저하게 되었다. 이는 19세기 문명의 여성적 약점으로, 지식인이라면 이미 인식하고 있는 바다. 한 세기 전만 해도 귀족의 사냥터에서 토끼 한 마리라도 죽이면 사형에 처했으나, 지금은 공공연하게 사기를 치거나 대낮에 도둑질을 해도 증거 불충분이라는 한마디로 무죄가 선고된다. 이는 근세인의 법률적 관념의 어리석음이라 하지 않으면 뭐라 할 것인가.

진정한 회개는 엄격한 법률 아래에서만 일어난다. 단지 형벌에서 벗어나려는 태도는 진정한 회개가 아니다. 법률적 대가를 치러야 한다면 비록 사면 선고 소식을 접한다 하더라도 이를 믿지 못했을 마르틴 루터나 존 버니언의 진지한 태도는 오늘날 방관과 관용을 혼동하는 신신학자들로서는 짐작조차 하기 어려울 것이다. 이들의 주장은 헨리 마틴이 말한 "관대하지만 기독교 정신이 아닌 것"으로, 하나님의 사랑의 너비와 깊이를 제대로 이해했다고 말할 수 없다.

'죄의 용서'는 용서하는 자와 용서 받는 자의 상호작용으로 이루어진다. 용서 받는 자는 생각으로만 뉘우치지 말고 회개에 합당한 열매를 맺어야 한다(마 3:8). 그리고 용서하는 자도 마음으로 용서할 뿐 아니라 실제로도 사면해주어야 한다. 회개의 열매와 사면의 알맹이, 이 둘이 함께해야 비로소 죄가 용서된다. 하나님이 회개의 열매를 맺지 않는 죄를 용서하시지 않듯이, 우리도 사면을 보증하지 않는 용서는 믿을 수 없다. 이는 우리의 신앙이 부족해서 나오는 말이 아니라 우리가 하늘에서 받은 이성이 요청하기 때문이다. 신약성서가 하나님의 계약을 중요시하는 이유가 바로 이 때문이다.

그리스도의 생애와 십자가의 죽음은 하나님이 인류의 죄를 용서하신다는 증거이다. 즉 그리스도의 속죄란 하나님이 우리 죄를 용서하셨다는 사실의 결과이다.

속죄의 원리는 자연계의 일반적 이치다. 이를 광물계에서는 동력의 균형Equilibration of Force이라 하고, 생물계에서는 치료의 과정으로 나타나고, 심령계에서는 속죄라 한다. 어떤 지역에 기압이 희박해지면 균형을 이루기 위해 사방의 공기가 그곳을 향해 움직이고, 기압이 완전히 평형을 이루면 기체의 흐름이 멈춘다. 말하자면 짙은 부분이 옅은 부분을 위해 균형을 이룰 만큼 공기를 제공하는 것이다.

나무가 가지 하나를 잃으면 나무 전체가 이 때문에 괴로움을 겪고, 각 가지와 잎들이 수액을 손상된 곳으로 조금씩 흘려보내 상처 난 곳을 보호하려 애쓴다. 자각하는 성질이 있는 심령계에서도 남의 어려운 처지를 돕고자 하는 마음과 긍휼히 여기는 마음은 도덕적 의무다. 그러므로 우리 중에 누구 한 사람이라도 고통을 겪으면 사회 전체가 함께 괴로워하고, 우리의 즐거움을 조금씩 양보해 곤경에 처한 사람들을 구해야 한다. 사회 한 부분의 상실이라도 전체가 떠안아야 한다. 건강한 부분이 희생해야만 병든 부분을 치료할 수 있다. 인류의 육체는 물리적 세계와 연결돼 있고, 영혼은 영적 세계의 한 부분을 형성한다. 하나님과 천사와 인류는 영적 세계의 일원이다. 인류의 타락과 죄악은 하나님과 천사에까지 영향을 미친다. 그러니 누군가는 인류를 구해야 한다. 결국은 절대무한의 영이신 하나님 자신이 인간 때문에 괴로움을 당해야만 한다.

그는 실로 우리의 질고를 지고 우리의 슬픔을 당하였거늘 (사 53:4상)

내 팔에 큰 상처가 나면 이를 낫게 하려고 내 심장과 위와 폐가 여러 작용을 하며 노력하듯이, 지구상에서 수억의 영혼이 죽어가는데 하나님이 그냥 지켜만 보고 계시겠는가. 특별한 사역으로 죄를 구속하시지 않겠는가. 기적처럼 보이지만 자연이다. 이례적 일 같지만 일상적으로 일어나는 일이다. 놀라우면서도 당연하다.

물론 그리스도가 당한 육체의 고통은 심령의 고통을 보여주는 것이다. 그리고 사죄의 은혜는 그의 육체적 고통에서가 아니라 심령의 고통에서 나온다. 갈보리 산이 아니라 겟세마네

동산이야말로 인류의 죄가 사해진 곳이다. 그리스도에게 가시관을 씌운 것은 내 죄다. 그에게 쓰디쓴 고통의 잔을 마시게 한 것도 내 죄다. 그를 십자가에 못 박은 것도 내 죄다. 가톨릭교인들이 십자가 모형을 몸에 걸치고 다니면서 그리스도를 생각하고, 성실한 개신교인이 십자가에 달린 예수상을 책상 앞에 놓고 "내 죄 때문에 그리스도께서 저 고통을 당하셨다"며 자기 죄를 뉘우친다는 이야기는 미신이나 이단 사설이라고 배척할 일이 아니다.

당신은 그래도 내게 물을지 모른다. "왜 하나님은 스스로 고난을 당하지 않으면 사람을 구원하지 못하시는가?" 그러면 나는 다시 물어보리라. "왜 하워드는 영국의 자기 집에 앉아서 유럽의 감옥을 개량할 수 없었는가, 왜 리빙스턴은 자기 나라에서 흑인을 위해 열심히 기도하는 것만으로 아프리카를 구하지 못했는가?" 죄를 대속하지 않고 죄에서 나오라고 하는 자는 가난한 자에게 옷과 음식을 주지 않으면서 평안하라고 말하는 사람이다 (약 12:15-16). 행동하지 않는 신앙이 죽은 것처럼 대속하지 않는 죄의 용서는 거짓말이다. 그리스도의 십자가는 하나님 사랑의 실증이다.

그리스도의 죽음으로 인해 하나님은 자기에게 의탁하는, 곧 믿는 자를 용서할 수 있게 되었다. 하나님은 용서하고 싶은 자를 용서할 수 있게 되었다. (하나님은 모든 것을 하실 수 있지만 정의에 어긋나는 일은 스스로 하지 않으신다.) 그러므로 그리스도는 사람을 위해서만 생명을 내놓은 게 아니라 하나님을 위해서도 죽으신 것이다. 그리스도는 피 흐르는 손을 벌려 인류에게 회개를 권하시고, 동시에 하나님이 인류의 회개를 받아들이고 그들을 용서하실 수 있는 길을 여셨다. 그리스도의 십자가는 실로 은혜의 새로운 시원을 열었다. 하나님은 그리스도를 통해 신의 사랑을 분명히 나타내 보이셨다. 그리스도는 이렇게 말씀하셨다.

> 내가 이 세상을 떠나 높이 들리게 될 때에는 모든 사람을 이끌어 나에게 오게 할 것이다.… 내가 떠나가지 않으면 그 협조자가 너희에게 오시지 않을 것이다(요 12:32, 16:7).

인류가 하나님께 가려면, 또 하나님이 찾아온 인류를 받아들이려면 하나님의 아들이 십자가에서 먼저 죽어야 했다. 이것은 성서가 가르치는 명백한 교의이며, 우리의 이성과 감정이 함께 요구하는 것이기도 하다.

유니테리언과 신신학은 속죄론이 인간의 자유의지를 부정하고 개인의 책임을 제거한다는 이유로 반대한다. 하지만 우리는 인간의 자유의지를 부정하지 않는다. 나 자신을 그리스도에게 맡길지 안 맡길지는 완전히 내 자유다. 내가 그리스도라는 '말로 표현할 수 없는 하나님의 선물'을 받을지 안 받을지도 완전히 내 선택에 달렸다. 내 자유를 모두 하나님께 바치는 것도 내 자유다. "Our will is ours make it thine."*

나의 의를 가지고 하나님 앞에 설 것인지, 아니면 나를 완전히 죽이고 하나님의 의로 의롭게 될 것인지도 역시 내 자유의지다. 내가 도쿄에 갈 때, 도카이 도(東海道)**를 직접 내 발로 걸어서 가지 않았다고 내 의지로 가지 않았다고 말할 수 있는가. 기관사에 내 몸을 맡긴 채 편안하고 안락하게 금방 여행을 마쳤다고 해서 내 자유의지를 잃은 것은 아니다. 게으르고 나약하다고 나무랄 수도 없다. 나는 의지적 결단으로, 나약한 내 의지와 행위에 기대지 않고 내 온몸을 그리스도에게 맡긴 것이다. 나를 목적지까지 태워준 이는 기관사다. 나를 기관사에게

- * "우리의 의지는 그것을 당신의 것으로 삼기 위해 우리에게 주어졌다"는 뜻으로, 앨프리드 테니슨의 시에 나온 한 구절을 조금 달리 인용한 것이다. 원문은 다음과 같다. "Our wills are ours, to make them thine."
- ** 혼슈의 태평양 변의 중부 지역의 통칭.

속죄의 원리　187

맡긴 이는 나 자신이다. 나를 구하고 나를 천국에 보내는 이는 그리스도다. 나를 그리스도에게 맡긴 이는 나 자신이다. 이것이 성서에서 '믿음(의뢰)으로 구원 받는다'는 말의 뜻이다. 그러므로 "속죄의 교의는 믿는 자를 무책임하게 만든다"는 비판은 전혀 근거 없는 말이다.

그리고 "속죄의 교의는 도덕적 관념을 제거한다"고 말하는 이는 아직 속죄의 목적을 이해하지 못한 사람이다. 이탈리아의 한 산적이 아펜니노 산맥에서 여행자를 죽이고 재물을 뺏은 후, 처벌이 두려워 강탈한 재물의 일부를 성당에 기부하고 교황의 도장이 찍힌 면죄부를 받으면 경찰도 손을 못 댔다고 하는데, 이는 중세 때 이야기다. 그리스도의 속죄가 이와 같다면, 세상을 다스리는 데 큰 방해물이며 단 하루도 사회에서 인정받지 못할 것이다.

그리스도가 죽음으로 내 죄를 속해주셨으니 나는 더 이상 선을 행하지 않아도 되며, 악을 행해도 위험할 것이 없다고 믿는 사람은 아직 그리스도의 속죄에 참여하지 못한 사람이다.

그러면 "은총을 풍성히 받기 위하여 계속해서 죄를 짓자"고 말할 수 있겠습니까? 절대로 그럴 수 없습니다. 우리가 이미 죽어서 죄의

권세에서 벗어난 이상 어떻게 그대로 죄를 지으며 살 수 있겠습니까?(롬 6:1-2)

속죄의 목적은 우리를 완전한 사람으로 만드는 데 있다. 그리고 내가 그리스도의 속죄에 참여한 이유는 스스로는 결코 완전해질 수 없기 때문이다. 그러므로 속죄는 도덕의 궁극이다. 도덕이 끝나는 지점이 종교가 시작되는 곳이다. 종교는 도덕 위에 있다. 도덕의 정수를 종교라 한다. 처음에 모세의 율법이 있었고 그 후에 그리스도의 은혜가 있다. 율법의 엄한 밧줄로 자기를 얽어맨 적이 없는 사람은 그리스도라는 구원자가 베푸는 은혜를 맛볼 수 없다.

세상에는 속죄의 교의로 자신의 부덕을 덮으려는 사람도 있는데, 이는 참으로 통탄할 일이다. 그러나 교의 자체가 죄가 아님은 여기서 변명하지 않아도 명백한 사실이다.

누구나 알다시피 때로 고상한 진리를 눈먼 자가 가지고 노는 일도 생긴다. 자유사상이 프랑스 혁명이라는 비극을 낳았다고 그것을 배제해서는 안 된다. 개신교가 30년 전쟁*의 원인이었다고 그것을 경시해서도 안 된다. 그리스도의 속죄는 의를 사모하는 이들의 휴식처이지 악인의 은신처가 아니다. 먼저 구약의 엄중한 도덕을 가르치지 않고 곧바로 신약의 부드러운 은혜를 가르치는 자는, 자기 힘으로 살아갈 힘을 기르지도 못한 어린아이에게 막대한 유산을 남기는 미련한 아버지와 같다. 그 자녀가 나태하고 유약하고 무기력한 인간으로 자라는 것은 결코 이상한 일이 아니다. 그와 반대로 근면하고 정직하고 겸손한 아들이 성의를 다해 아버지의 뜻을 이루려 할 때는, 아버지가 막대한 재산을 물려주더라도 그 아버지를 반대할 이유가 없고, 아들의 태만을 걱정할 필요도 없다.

세상에는 천성적으로 선한 사람이 있다. 태어나면서부터 원만한 성격을 지녀서 애쓰지 않아도 선량하게 사는 사람이다. 전에 한 사람이 랠프 에머슨에 대해 평하기를, "그는 나면서부터 성인이며, 계시종교의 도움 없이 완전함에 가장 가까이 도달한 사람이다"라고 했다. 이 밖에도 '신성한 플라톤Divine Platon' 같은 이도 있고, 정직의 상징인 공자孔子도 있다. 이 같은 예를 들어 사람이 그리스도의 속죄 없이도 완전에 도달할 수 있다는 증거로 삼는 이도 있다.

이 작은 책에서 이 문제를 충분히 논하는 것은 불가능하다.

- 1618-1648년까지, 로마 가톨릭을 따르는 국가들과 개신교를 따르는 국가들 사이에 벌어진 종교 전쟁을 말한다.

하지만 두 가지 주의할 점은 독자에게 알려주고 싶다. 먼저, 기독교적 선함에는 독특한 성격이 있으며, 그 온화함과 겸손함은 그리스 철학이나 요순시대의 유훈으로도 능히 만들어낼 수 없다. 둘째는, 기독교의 은혜를 덧입지 않고도 선인이 될 수 있다고 자랑하는 사람들은 대개 열성적인 기독교 신자의 후손들이며, 직접 복음의 감화를 입지 않았다 해도 그의 아버지나 조부나 증조부는 기독교의 감화를 충분히 받은 사람들이다.

에머슨의 아버지 윌리엄, 조부 윌리엄, 증조부 조세프, 5대 조상 조세프 모두 목회자였다. 에머슨의 전기를 쓴 웬들 홈스˚는 "에머슨 가의 혈통에 목회자가 많다는 것은 눈에 띄는 특색이다"고 적었다. 목회자 가문에서 자란 에머슨이지만 그리스도보다는 플라톤이나 셰익스피어를 더 좋아하고 존경했다. 하지만 그가 기독교적 군자의 풍모를 지녔음은 의심의 여지가 없다. 에머슨이 인도나 중국에서 태어났다면 그곳의 교육과 사상의 영향으로 '미국의 성자'처럼 되지는 않았을 것이다. 에머슨이 기독교를 직접적으로 힘입지 않고서도 기독교적 군자가 되었으니 누구라도 복음 없이 그처럼 될 수 있다고 믿는 사람은, 오늘날

● 올리버 웬들 홈스(Oliver Wendell Holmes Sr., 1809-1894), 미국의 작가이자 의학자. 대표작으로는 《아침 테이블의 독재자》를 비롯해 '아침 테이블' 시리즈가 있다.

미국이 싸우지 않고도 자유와 독립의 혜택을 누리고 있으니 다른 모든 나라 국민들도 제도나 기구를 개혁하지 않고도 자유 국가의 국민이 될 수 있다고 믿는 것과 같다. 오늘날 미국의 자유는 시몽 드 몽포르 백작이 이브섬 전장Battle of Evesham에서 무너진 이래 햄던, 채텀Chatham, 워싱턴 같은 곳에서 무수한 영국 사람들이 피 흘려 쟁취한 색슨 민족의 자유다. 유니테리언이 미신이나 거짓말로 취급하는 그 속죄 교리가 그들의 조상을 죄의 사슬에서 벗어나게 하고 그 마음에 무한한 자유를 선사한 비결이었음을 잊어서는 안 된다. 에머슨이 전에 이런 말을 했다.

나는 내 육체를 내 영혼의 원수로 생각한 적이 없다. 나는 자연의 아들로, 수박이 여름 햇볕을 쬐며 커가듯, 선량한 자연의 보호 아래 즐겁게 성장해왔다.

바울은 말했다.

나는 내 속에 곧 내 육신 속에 선한 것이 깃들여 있지 않다는 것을 압니다. 나는 선을 행하려는 의지는 있으나, 그것을 실행하지는 않으니 말입니다. 나는 내가 원하는 선한 일은 하지 않고, 도리어 원하지 않는 악한 일을 합니다. 내가 해서는 안 되는 것을 하면, 그것을 하는 것은 내가 아니라, 내 속에 자리를 잡고 있는 죄입니다. 여기에서 나는 법칙 하나를 발견하였습니다. 곧 나는 선을 행하려고 하는데, 그러한 나에게 악이 붙어 있다는 것입니다. 나는 속사람으로는 하나님의 법을 즐거워하나, 내 지체에는 다른 법이 있어서 내 마음의 법과 맞서서 싸우며, 내 지체에 있는 죄의 법에 나를 포로로 만드는 것을 봅니다. 아, 나는 비참한 사람입니다. 누가 이 죽음의 몸에서 나를 건져 주겠습니까?(롬 7:18-24, 새번역)

의사의 능숙한 솜씨를 가장 예민하게 느끼는 사람은 환자다. 특효약을 제일 필요로 하는 사람은 위독한 환자다. 내 완전하지 않은 천성이 구원을 갈망하게 만든다. 아, 하나님의 비밀은 깊도다. 하나님은 유전자와 환경과 천성과 행운을 사용해 선인을 만들기도 하시며, 유전적인 요인을 뒤엎고 환경을 거스르고 천성을 굽히고 불운을 바꾸어 죄인이었던 사람을 그의 자녀 삼기도 하신다. 어떤 사람이 마호메트와 나눈 대화를 보라.

무엇이 유이며, 무엇이 무입니까?
신이다. 세상이다.

누가 사람이며, 누가 짐승보다 못합니까?

  신자다. 거짓 신자다.

무엇이 가장 추하며, 무엇이 가장 아름답습니까?

  신자의 뒷걸음질이다. 죄인의 회개다.

철학자 라이프니츠가 말한 대로 "인류의 타락만큼 인류를 고양시킨 것이 없다"면, 죄인보다 하나님의 사랑을 더 깊이 느끼는 이도 없을 것이다. 그렇다면 죄를 범하지 않으면 그리스도의 사랑의 깊이와 높이와 너비를 느낄 수 없다는 말인가. 독자 스스로 이에 대답해보라. 성령이 곧 가르쳐주실 것이다.

어떤 독자는 물을 것이다. "그리스도의 십자가는 인간이 추리해서 알 수 있는 것이 아니라면, 당신은 너무 늦게 믿은 것 아닌가? 이것은 어린아이라도 믿을 수 있는 진리 아닌가? 십여 년 전에 당신이 세례를 받을 때는 왜 이 단순한 진리를 믿지 못했는가?"

맞다. 하지만 독자여, 당신은 인류가 가장 단순한 진리를 가장 나중에 가서야 알게 된다는 사실을 인정해야 한다. 만물은 단순한 데서 복잡한 것으로 진화하지만 사람의 사유는 복잡한 데서 단순함으로 나아간다. 죄에 빠진 인간은 쓸데없이 번잡한 외부 형식을 좋아한다. 먼저 밖을 고친 다음에 안으로 향하는 것이 인간의 보통 모습이다. 나는 사회 풍조를 고치기 전에 먼저 나라의 경제를 발전시키는 것에 주목했다. 진실한 신자를 양육하기에 앞서 이상적인 교회 설립을 계획했다. 영혼이 구원받기도 전에 성인의 행위를 본받으려 애썼다. 그러나 자연의 순서에 어긋난 방법이 성공할 리 만무하기에 내 노력은 모두 수포로 돌아갔다. 실패에 실패를 거듭하고, 실망에 실망이 더해진 후, 칼이 부러지고 화살이 다하여 더 이상 어찌할 수 없게 되자 비로소 "이 곤고한 자가 부르짖으매 여호와께서 들으시고 그 모든 환난에서 구원하셨도다"(시 34:6, 개역개정).

아, 사람은 곤궁해지지 않으면 진리 앞으로 나오지 않는 존재인가보다. 내가 전에 미국에서 한 무기 제작소를 들렀는데, 지배인이었던 퇴역 육군 장교가 최근에 개량된 포와 총을 설명해준 적이 있다. 그때 나는 이렇게 물었다. "당신이 생각하기에, 인간은 언제 전쟁을 그만둘 것 같습니까?" 그는 정색을 하고 대답했다. "무기가 아주 발전해서, 전쟁터에 나가면 적이나 아군이나 할 것 없이 한 사람도 살아남지 못한다는 두려움이 만연해지기 전까지는 결코 전쟁을 멈추지 않을 것 같습니다." 우리가 하나님께로 돌아가는 것도 이와 같지 않을까. (누가복음 15장을 다시 읽어보자.) 돈 있는 사람, 지혜로운 사람, 성품이 좋은 사람은 좀처럼 십자가의 예수 앞으로 나오지 않고 오히려 가난뱅이, 무지렁이, 죄인은 나온다. 아, 궁하지 않으면서 그리스도의 향연에 참석하는 자는 없는 듯싶다.

아! 하나님, 당신은 어찌하여 내가 그토록 당신을 찾았음에도 문을 열어주지 않으셨습니까. 길에서 방황하는 내 모습이 가련해보이지 않았습니까. 진리를 보지 못해서 고통에 고통을 더하는 나를 팔짱 끼고 물끄러미 바라만 보고 계셨습니까.

은혜로운 음성이 대답하기를, "하나님의 인내는 크시도다. 그는 괴로워하는 자기 자녀를 보시면서 오히려 견디신다. 하나님이 너를 구하지 않은 것은 너를 구하려 했기 때문이다. 반생 동안 이어진 너의 방황과 번민은 네가 자기 생각에서 벗어나 온전히 나를 의지하도록 하기 위함이었다. 너를 괴롭힌 것은 너 자신이다. 나를 의지하라. 나는 네 죄를 용서해 선에서 선으로 이끌어 네가 나를 위해 세상을 구하는 힘이 되게 하리라"고 말씀하셨다.

나는 "그렇습니다. 아버지! 이것이 아버지께서 원하신 뜻이었습니다"(마 11:26)라고 대답했다.

최종 문제

평안을 얻는 길

나는 평안을 얻는 길을 알았다. 그러나 길을 안다고 반드시 그 길에 들어선 것은 아니다. 그리스도를 믿는 신앙은 나를 죄에서 구원한다. 그러나 신앙 또한 하나님의 선물이다(엡 2:8). 나는 믿어서 구원을 얻을 뿐 아니라 믿어졌기에 구원을 얻었다. 여기까지 이르니 내게는 스스로를 구할 힘이 전혀 없었음을 깨달았다. 그러면 나는 어떻게 할 것인가. 나는 내 믿음마저도 하나님께 구해야 한다. 기독교 신자는 쉴 새 없이 기도해야 한다.

그렇다. 신자의 생명은 기도다. 아직 불완전하므로 기도할 것이다. 아직 믿음이 부족하므로 기도할 것이다. 아직 기도를 잘하지 못하기에 기도할 것이다. 은혜를 받아도 기도할 것이다. 저주를 받아도 기도할 것이다. 하늘에 올라가도, 음부에 떨어져도 나는 기도하리라. 힘없는 나, 내가 할 수 있는 것은 오직 기도뿐이다.

그러면 나는 무엇인가?
깊은 한밤중 한 어린아이가 울고 있네.
어둠 속에 빛을 찾아 어린아이가 울고 있네.
한 마디 말도 하지 못하고 그저 울고만 있네.*

---

* 19세기 영국의 대표적인 시인 앨프리드 L. 테니슨이 친구의 죽음을 추모하기 위해 쓴 〈In Memoriam A. H.〉(1850)의 일부이다.

/ **해제** 죄의 실재를 극복하는 법 — 양현혜 교수

/ **우치무라 간조 연보**

해제
죄의 실재를 극복하는 법

양현혜 (이화여대 기독교학부 교수)

    우치무라 간조는 근대 일본의 대표적인 기독교 사상가이자 사회 사상가이다. 그는 1890년대에서 1930년대에 이르는 동안 수많은 성서 주석을 쓰고 무교회주의적 기독교 이해를 설파하며 일본 개신교계를 이끌었다. 뿐만 아니라 기독교적 세계관에 근거해 예리한 사회 비평 활동과 비전非戰 평화 운동을 전개하여 근대 일본의 천황제 중심 군국주의적 제국주의의 흐름을 비판했다. 그를 근대 일본 정신사에서 부국강병을 위한 이윤 추구, 힘에 의한 약육강식을 주장하는 후쿠자와 유키치(福澤諭吉)의 대극에 서 있었던 사상가로 평가하는 이유는 이 때문이다.
    《구안록》은 《기독교 신도의 위안》《회심기》(홍성사)와 더불어 우치무라 간조의 대표 저작이다. 초판이 간행된 것은 1893년 8월이었고, 집필 시기는 1893년 4월에서 6월 하순경이었을 것이다. 그의 나이 32세 때였다. 나중에 이 책으로 회심한 한 중국인의 이야기와 관련해 우치무라는 집필 당시를 회상하며 다음과 같이 말했다.

고베(神戶)에 사는 광동 출신 중국인 모모 군은 일어에 능통한 사람이다. 그에 의하면, 지금부터 3년 전에 헌책방에서 《구안록》을 5전에 사서 읽고 난 후 자신의 죄를 깨닫고 기독교 신자가 되었다. 이후 같은 중국 동포들에게 전도하여 작은 교회를 하나 설립하기에 이르렀다고 한다. 나는 이러한 실험담을 듣고 생각했다. 신앙적 저술을 해야 한다고. 이 중국인과 같은 한 영혼을 구원할 수 있다면 내가 책을 쓸 때 기울인 노력은 다 보상받은 것이라고. 세상에서 열광적으로 환영받는 베스트셀러가 아니라, 이런 사람 하나를 얻는 것으로 충분하다고. …지금부터 26년 전 구마모토 시(熊本市) 다쿠마바루(託摩ヶ原)의 전나무 아래에서 오래된 중국제 가방을 받침대로 하여 쓴 이 책이 오늘날 이러한 열매를 맺게 되니 참으로 은혜이다. 감사, 또 감사! (1919년 1월 14일 일기)

또 이 책의 17판이 1920년에 발행되었을 때, 우치무라는 다음과 같은 감회를 남겼다. "《구안록》제17판이 나왔다. 1893년 8월 1일 초판이 나온 이래 28년, 참으로 긴 세월이다. 그 사이 많은 새로운 설이 주장되었다. 그러나 오래되었으나 새로운 것은 십자가의 속죄 복음이다. 나는 오늘도 여전히 《구안록》에 쓴 대로 복음을 말하고 있다. 나는 이 복음을 맡은 자 되어 '영원한 복음'을 하나님께로부터 위탁받았다고 생각한다(계 14:6)"(1920년 5월 19일 일기).

우치무라 자신의 감회에서도 엿볼 수 있듯이 《구안록》은 우치무라가 저술가로서 애착을 가지는 대표적인 작품일 뿐 아니라 그의 기독교 신앙과 사상의 기초가 되는 속죄 신앙을 논한 대표적인 신학 저술이다. 여기서는 우치무라 개인의 속죄 체험과 《구안록》의 내용, 그의 속죄론의 특징을 소개하고자 한다.

우치무라의 속죄 체험

우치무라는 1861년 3월 23일 조슈(上州) 다카사키 번(高崎藩)

의 무사 우치무라 요시유키(內村宣之)의 장남으로 태어났다. 그가 일곱 살이던 1868년의 메이지유신으로 그의 운명은 급전했다. 메이지유신은 도쿠가와 막번 체제를 타도하고 천황을 중심으로 한 강력한 중앙집권 국가로의 전환을 시도했다. 번을 폐지하는 대신 현(県)을 설치하고, 생활의 모든 측면을 규제하던 신분제가 폐지되었다. 메이지유신에 이어 폐번치현廢藩置縣 조서가 1871년 공포되었다. 이로써 우치무라의 아버지 요시유키는 번주藩主를 따라 관직을 버리지 않으면 안 되었다. 마흔을 겨우 넘은 우치무라의 아버지는 자신의 주군과 운명을 함께하며 막부 질서의 해체에 따라 젊은 나이로 자신의 일생을 닫아버린 셈이었다.

그 대신 그는 새로운 시대의 새로운 삶의 방식을 장남인 우치무라에게 기대했다. 어린 나이의 우치무라는 아버지의 이러한 무거운 기대를 짊어지고 1874년에 단신으로 도쿄로 나와 아리마 학교(有馬学校)에 입학했다. 우치무라가 입학한 해에 개교한 아리마 학교는 황한겸학과皇漢兼学科와 영학과, 수학과, 습자학과의 4개 학과가 설치되어 있었다. 우치무라는 이곳을 발판으로 해서 다음 해에는 도쿄 외국어학교에 입학했다. 어린 우치무라는 일찍이 영어의 세계에 매진했다. 그는 영어를 통하여, 무너져내린 아버지의 세계를 대체할 새로운 세계를 열어가고 있었다.

우치무라가 도쿄 영어학교(東京英語学校)의 상급반인 제1급에 재학하고 있던 1877년 홋카이도 개척사의 관리가 이 학교를 찾아와 삿포로 농학교(札幌農学校) 관리생을 모집한다고 공지했다. 도쿄 영어학교에서는 우치무라를 포함한 12명의 학생이 삿포로 농학교의 제2기생으로 입학하기로 했다. 삿포로 농학교는 학생들에게 의식주는 물론이고 용돈까지 지급하는 학교였다. 몰락한 사무라이 집안의 장남인 우치무라는 전액 장학생이라는 조건을 거절하기 힘들었을 것이다.

삿포로 농학교는 1877년 미국 매사추세츠 주립농업대학교 교장인 클라크William Smith Clark를 초빙하여 본격적인 농학 전문 교육 기관으로 체제를 갖추게 되었다. 오늘날 홋카이도 대학의 전신이 된 이 학교에 클라크가 남긴 영향은 말할 수 없이 컸다. 무엇보다 인간 교육에 중점을 두었던 클라크는 개교한 지 얼마 안 되어 학생들을 모아놓고 "신사가 되라!"고 이르고 학생 각자의 '자주자행自主自行' 정신을 강조했다. 클라크는 교육의 기초로 성서를 사용할 것을 요구하여 허가를 받아냈다. 1877년 3월에는 〈예수를 믿는 자의 서약〉을 만들어 제1기생

16명 전원의 서명을 받기도 했다. 삶과 인격으로 모범을 보인 클라크의 기독교 신앙과 윤리적 이상주의에 큰 감화를 받은 이들 제1기생들은 우치무라를 비롯한 제2기생들에게도 기독교에 들어오라고 집요하게 권유했다.

제1기생들은 우치무라가 '공격' 혹은 '돌격'이라고 표현할 정도의 열렬함과 강제성을 띠며 기독교에 들어올 것을 강권했다. 그러나 그는 가까이 있는 신사에 혼자 가서 "학교에서 지금 일어나고 있는 광신을 신속하게 진정시켜주시고, 이국의 신을 받아들이지 않는 자들을 배격하는 사람들을 벌해달라"고 기도하며 완강히 저항했다. 그러나 우치무라도 마침내 '반강제적'으로 서명하기에 이르렀다.

반강제적이었다 해도 이 서명은 그를 '고독'에서 구해주었을 뿐만 아니라 또 다른 유익을 가져다주었다. 이제 그에게 신은 하나밖에 없기에, 수많은 신들의 충돌하는 요구 사이에서 해방될 수 있었다. 더구나 신사 앞을 지날 때마다 거듭 번잡스러운 기도를 하지 않아도 되었다. 1879년 6월 2일 우치무라는 2기생인 오타 이나조[太田稻造, 후일, 니토베 이나조(新渡戶稻造)로 개명], 미야베 긴코(宮部金吾) 등과 함께 감리교회의 선교사 해리스C. M. Harris에게 세례를 받았다.

세례는 우치무라의 일상에 큰 전환을 가져왔다. 그것은 새로운 주군인 하나님께 어떻게 충성해야 하는가의 문제였고, 하나님께 헌신한 자들의 교제는 어떠해야 하는가의 문제였다. 우치무라는 동료들과 함께 기독교 교리서, 반스Albert Barnes 주석서, 미국기독교협회 소책자, 보스턴 유니테리언 그룹의 잡지에 이르기까지 기독교에 관한 광범위한 독서와 토론을 했다. 덕분에 그들의 기독교 이해는 윤리적인 측면에 과도한 비중을 두게 되었다. 이것은 기독교에 입문하기 전 그들이 무사 계층으로 유교 윤리에 깊이 젖어 있었고, 클라크의 〈예수를 믿는 자의 서약〉 역시 엄격한 청교도 윤리 규범을 강조했던 것과도 관련이 있었다. 따라서 삿포로 시대에 우치무라가 이해한 기독교는 일종의 윤리적인 일신교 같은 것이었다.

1881년 7월, 우치무라는 삿포로 농학교를 수석으로 졸업한 후 개척사 관리로 취업했다. 그러나 부패한 관료 생활을 목도한 그는 '홋카이도의 어부가 될 것인가, 갈릴리의 어부가 될 것인가'를 번민하다가 1883년 4월에 정식으로 사표를 제출했다.

직업에서 안정을 찾지 못한 상태일 때 우치무라는 결혼 상대인 아사다 다케를 만났다. 다케는 안나카(安中) 교회의 세례 교인으로 도시샤의 영어학교에서 배우고 우치무라와 교제하던 때에는 요코하마의 보통학교에서 배우고 있었다. 우치무라는 '너무나 지적'이라는 양친의 반대를 무릅쓰고 1884년 그녀와 결혼했다. 그러나 이 결혼은 7개월의 짧은 신혼 생활을 끝으로 깨지고 말았다. 결혼에 기대했던 이상적인 세계가 처참하게 붕괴되고 그의 마음에는 커다란 '공백'이 생겼다. 이 상처를 치유하기 위해 그리고 기독교 국가에서 기독교적인 '성스러운 세계'의 의미를 다시 한 번 묻기 위해 1884년 11월, 미국으로 떠났다.

그해 12월 필라델피아에 도착한 우치무라는 다음해 1월부터 펜실베이니아 주립 지적 장애시설의 간호부로 근무하기 시작했다. 간호부 겸 조수로 돌봐야 할 지적 장애 아동은 40여 명이나 되었다. 하루 종일 그들을 위해 먹을 것과 입을 것을 챙기고 발을 씻기고 배설물을 치우는 일은 혹독했다. 일본의 한 전도유망한 엘리트 관료가 미국에서 하루아침에 지적 장애 아동들의 배변을 처리하는 사람이 된 것이다. 그는 이러한 경험이 자기 인생에 어떠한 의미가 있는지 물을 수밖에 없었다. 치열한 질문 끝에 "나는 아이들의 배변을 처리하고, 엉덩이를 씻어주고, 밥을 먹여주는 일을 한다. 이것은 카린 박사가 나에게 그런 일을 하라고 명했기 때문이 아니다. 이 일이 내 도덕적 훈련에

도움이 된다고 생각했기 때문이다"라는 결론에 도달했다. 지적 장애 아동들을 돌보는 일에 자신의 죄를 극복하기 위한 '도덕적 훈련'으로서의 '시련'이라는 적극적 의미를 부여한 것이다.

그렇다면 이때 우치무라가 극복해야 할 '죄'란 무엇이었을까. 우치무라는 다케의 정체를 파악하지 못한 자신의 눈먼 사랑 때문에 깊은 자책에 시달렸다. 신보다 친구보다 그녀를 더 사랑했던 자신의 맹목적인 애욕과, 부모의 염려도 아랑곳하지 않았던 이기심을 자책했고, 세간에서 웃음거리가 된 자신의 사려 깊지 못함을 자책했다. 그러나 엄밀한 의미에서 이러한 우치무라의 자책은 아직 진정한 의미에서 기독교적인 죄의식이라고 말하기는 어려웠다. 왜냐하면 열정에 눈먼 자신의 사랑을 죄라고 하고 세간의 비웃음에 괴로워하는 그의 자책은 기독교적 의미의 죄라기보다는 피해자로서의 회한으로, 유교적 수치심에 깊이 뿌리 내리고 있었기 때문이다.

어쨌든 우치무라는 이러한 자신의 죄를 극복하기 위해 아동들을 '완전한 자기 희생과 전적인 자기 포기'를 요구하는 기독교적 사랑으로 돌보려 했다. 그러나 그렇게 하려고 노력하면 할수록 '자기의 의로움'을 드러내고 싶어 하는 '이기심'의 얼굴을 자각하게 되었다. 그리고 '자기의 의로움'을 드러내고 싶어

하는 자기중심적 에고이즘으로 괴로워했다. 자기를 도덕적으로 완전하게 만들고 싶어 하는 이 '자기중심성'이야말로 기독교에서 말하는 '죄'의 근원임을 의식하기 시작한 것이다.

정신적 번민 가운에 고뇌하다가 1885년 9월 애머스트 대학교Amherst College에 입학하여 은사 줄리어스 H. 실리(Julius Hawley Seelye, 1824-1895) 총장을 만나게 된다. 동양의 엄격한 스승이 아니라 사랑에 뿌리를 둔 기독교적 형제애로 사람을 대하는 실리의 인격을 접하고 큰 감동을 받았다. 그를 마음으로 받아들이고 그의 조언을 신뢰했다.

그러던 어느 날, 실리 총장의 한마디가 우치무라에게 결정적인 전기가 되었다. "우치무라, 자네는 자네 마음속만 보니까 안 되는 거야. 자기 밖을 보아야 해. 왜 자기 성찰을 그만두고 십자가에 달려서 자네 죄를 용서해주신 예수님을 바라보지 않는가? 자네는 어린아이가 나무를 화분에 심어놓고 그 성장을 보려고 매일 그놈을 뿌리째 뽑아보는 것과 같은 일을 하고 있네. 왜 하나님과 햇빛에 맡기고, 안심하고 자네의 성장을 기다리지 않는가?" 전형적인 속죄 신앙을 표현하는 이 한마디가 1886년 3월 8일 우치무라의 회심의 기반이 되었다.

그는 그날 일기에 자신의 회심을 이렇게 기록했다. "내 생애에서 참으로 중요한 날이다. 그리스도의 속죄의 힘이 오늘처럼 명료히 계시된 적이 일찍이 없었다. 하나님의 아들이 십자가에 못 박혀 죽으신 일 안에 지금까지 나의 마음을 괴롭히던 모든 난제가 해결되었다. 그리스도는 나의 모든 부채를 지불해주시고 나를 타락 이전의 최초의 깨끗함과 결백함으로 되돌려주셨다. 이제 나는 하나님의 자녀이고 나의 의무는 예수를 믿는 것이다." 우치무라는 행위가 아니라 그리스도의 대속을 믿음으로 구원받는다는 '신앙의인'의 속죄론을 자신의 신앙적 고투를 통해 체험하기에 이르렀다.

신신학 논쟁과 《구안록》 집필

우치무라는 이러한 자신의 속죄 체험을 기반으로 1893년 《구안록》을 출판했다. 《구안록》은 1부와 2부로 구성되어 있다. 1부는 죄에서 벗어나려는 우치무라 본인의 경험을 기술한다. 2부는 '죄의 원리', '기쁜 소식', '신앙 이해', '낙원 회복', '속죄 원리' 등의 내용으로 구성되어 그의 속죄론을 서술한다. 그런데 우치무라가 이러한 내용의 《구안록》을 1893년 저술한 데에는 분명한 목적이 있었다.

1873년 메이지 정부는 도쿠가와(德川) 시대 250년간 지속된 '기독교 금제禁制'를 폐지했다. 이에 따라 다수의 해외 선교 단체가 들어와 교파 교회가 형성되기 시작했다. 독일의 합리주의적 해석을 도입하여 성서를 해석하고자 한 자유주의 신학과 역사비평학도 그즈음에 소개되었다. 스피너W. Spinner가 1885년에 일본에 입국해 동경에 복음교회와 신학교를 설립하고 월간잡지 〈진리〉를 발간하면서 자유주의 신학은 더욱 활발하게 소개되었다.

또한 미국 유니테리언교에서 파견한 선교사들의 가르침도 크게 유행했다. 1887년 5월, 정치가이자 소설가인 야노 후미오(矢野文雄)가 〈우편보지신문郵便保持新聞〉에 "유니테리언 기독교인의 관점"이라는 수필을 기고했다. 여기에서 그는 성서무오류설, 삼위일체설, 원죄설을 부정하는 유니테리언의 주장을 소개했다. 그는 합리적인 유니테리언교가 일본 사회에 매우 적합한 종교로, 일본이 유니테리언교를 국교로 받아들여야 한다고 주장했다. 야노와 당대의 계몽사상가인 후쿠자와 유키치의 도움으로 유니테리언 선교사인 아서 냅Arthur M. Knapp이 1887년에 일본을 방문했고, 이어 C. 매커리C. Mackery가 일본에 와서 1890년에 월간지 〈유니테리언〉을 발행하기 시작했다. 이러한 자유주의 신학과 유니테리언교는 일본에서 '신신학新神學'으로 불렸다.

특별히 조합 교회 신자들인 구마모토파(熊本派)가 신신학을 받아들였다. 주요 주창자들 중에는 가나모리 미치토모(金森通倫)와 요코이 도키오(橫井時雄)가 있었다. 가나모리는 일본 조합 교회의 첫 번째 목사이자 니지마가 설립한 도시샤(同志社)의 교장이었다. 그는 1891년《일본 기독교의 현재와 미래》라는 책을 출판하여 신신학을 고취했다. 요코이는 도쿄의 혼고우(本鄕) 조합 교회의 목사로 기독교 종합잡지 〈육합잡지六合雜誌〉의 편집자였다. 그는 1891년 〈육합잡지〉 130호 "나의 신앙고백"이라는 글에서 다음과 같이 주장했다. "나는 그리스도와 그 십자가는 전 인류를 죄악에서 구하기에 충분하다고 믿는다. 또한 그리스도를 통하지 않으면 신의 사랑은 도저히 인간의 마음에 이해될 수 없고 그리스도를 의지하지 않고는 인간이 도저히 신 앞에서 의롭다고 여김을 받을 수 없다고 믿는다. …그러나 신학자들이 말하는 속죄설에 대해서는 나는 아직 어느 것 하나도 나의 이성을 만족시키는 설을 듣지 못했다." 즉 그는 그리스도를 신의 사랑을 인간에게 나타내는 사랑의 화신일 뿐이라고 이해하고 그리스도의 죽음이 인간의 죄에 대한 대속적 죽음이라는 속죄설을 부인했다. 인간의 죄에 대한 대속으로서 그리스도의 죽음을 말하는 전통적인 속죄설은 "이에는 이, 눈에는 눈"이라는 야만 시대의 보복적 사고에서 유래한 것으로, 이는 신의 사랑을 훼손한다고 보았다. 또한 그리스도의 대속이란 이성적 사고에 의거한 합리주의에 반하는 신화적인 사고라며 부정했다. 나아가 그는 예수의 신성과 인성에 관한 논쟁에서 예수는 신의 아들이 아니라 단지 '신인화합의 이치'를 실현했기 때문에 그리스도라고 불리게 되었다고 주장하며 그리스도의 신성을 부정했다.

당시 일본은 '문명개화'로 상징되는 서구화를 지향하며 아시아에서 탈출하여 서구로 들어간다고 하는 '탈아입구脫亞入歐'의 시대였다. 그 시대를 관통하는 시대정신은 인간 이성에 대한 절대적인 신뢰에 근거한 합리주의였다. 기독교도 일본 재래 종교의 '미신성'과는 대조되는 '합리성'의 종교로 이해되었다. 따라서 구원론에서도 인간 이성으로 설명할 수 없는 신적 초월성을 모두 제거하려는 과도한 합리주의적 해석을 시도하는 신신학이 힘을 얻고 있었다.

이러한 신신학적 구원론에 대해 장로교 계열의 일본기독교회의 저명한 지도자 우에무라 마사히사(植村正久), 오자키 히로 미치(小崎弘道) 등은 반박에 나섰다. 그들은 성서를 합리적 실증성 여부로만 판단해서는 성서에 기록된 그리스도의 '사실'을 제대로 파악할 수 없다고 반박했다. 이것이 초기 일본개신교사를 달군 유명한 '신신학 논쟁'이었다.

한편 우치무라도 자신의 친구이기도 한 요코이가 신신학을 주장하여 그리스도의 신성과 인간의 원죄를 부인하고 그리스도를 '신인화합의 길을 가르쳐준' 도덕적 스승으로 보면서 속죄론을 부정하고 있는 사태를 주목했다. 그는 근대적 합리주의 세례를 받은 사람들을 '주저하게 하는 걸림돌'인 그리스도의 십자가의 성격을 분명히 할 필요를 느꼈다. 그리하여《구안록》을 저술하여 인간의 이성으로 설명할 수 없는 신적 초월성을 제거하려는 신신학적 구원론에 대응해 "기독교에서 말하는 속죄란 무엇인가"를 분명히 하고자 했다.

우치무라는 먼저 자신의 속죄 경험에서부터 시작한다. 그는 기독교의 고상한 도덕을 접하고 도덕적으로 '완전무결한 생애'를 보낼 것을 결단하고 노력했다. 그러나 외면적 행위의 결과만이 아니라 그 내면의 동기까지도 보는 "성서라는 전등으로 내 마음을 샅샅이 비춰보면 나는 하나님을 모독하는 자요 사람을 속이는 자"(23쪽)라는 것을 깨달았다. 그리고 죄의 특성이 "두려움을 주면서도 정작 우리로 하여금 그것을 피할 아무런 힘도 주지 않는 것"이라 "죄를 범하면서 탄식하고, 탄식하면서 두려워하고, 두려워하면서 실망하고, 실망하면서 또 같은 죄를 짓는"(23쪽) 악순환으로 괴로워했다. 그는 이 악순환의 고리를 끊기 위해서 자연, 학문, 교회 생활 등에 정진해보았으나, 모두 실망하고 말았다. 마지막으로 이타적인 자선 사업가가 되어야겠다고 생각했다. 그러나 그것이 '나를 교만하게 만들면 그 선행은 오히려 원수'가 되고 말기 때문에, 이타적으로 살려고 하면 할수록 도덕적 우월감으로 자만하는 자신의 결점이 드러나 이전보다 더욱 불안해짐을 깨달았다. 결국 어디에서나 고개를 내미는 '자기중심성'을 극복할 수 없는 자신으로서는 구원을 위해 내놓을 수 있는 진정한 의미에서의 '선행'은 있을 수 없다는 것을 알게 되었다. 자신은 구원받을 자격이 전혀 없는 무자격자임을 절감한 것이다.

여기에서 그의 '죄' 관념에 커다란 변화가 일어났다. 우치무라는 '죄 자체'와 '죄의 결과'를 구별해야 한다는 것을 깨달았다. 그는 하나님은 선善 자체이고, 악(=죄)은 인간이 하나님으로부터 벗어나 독립하려는 것이라고 인식했다. 그러므로 살인, 절도, 간음 등 보통 우리가 말하는 '죄'는 인간이 신으로부터 분리

된 죄의 결과일 뿐, 그러한 행위 자체가 바로 죄는 아니라는 것이다. 우치무라에 의하면, 아담과 하와가 선악과를 따 먹은 행동 자체는 죄가 아니라 그 결과에 불과했다. 인류의 조상이 저지른 죄, 즉 원죄는 인간이 하나님으로부터 이탈하여 독립하는 것이다.

신으로부터의 이반離叛이 죄의 실재였다. 거기에서 모든 죄의 결과가 싹터 나왔다. 이러한 죄의 실재를 극복하는 방법은 무엇일까. 그것은 우치무라가 이미 실존적으로 실험해본 바와 같이 인간의 어떠한 노력으로도 불가능하다. 오직 그리스도의 대속이라는 신의 행동에 의한 '용서'로만 극복할 수 있다. 여기에서 그는 마침내 '그리스도의 대속적 죽음을 통해서만 용서받을 수 있고 의롭다 인정받을 수 있다는 걸 믿을 때에야 구원에 이를 수 있다'는 기독교의 속죄론을 받아들일 수 있었다. 즉 "죄인 된 모습 그대로 아버지의 자비만을 기대하며 집으로 돌아올 수밖에 없었다. 그 어떤 변명이나 내 의로움은 필요 없었다. 오직 나를 위해 처음부터 예비된 하나님의 어린양의 속죄만을 바랄 뿐이었다. 아! 하나님, 저는 믿지 않을 수 없어서 믿습니다. 예수 그리스도의 십자가를 보시고 용서할 수 없는 저의 죄를 용서해주십시오"(138쪽)라고 고백한 것이었다.

우치무라는 죄의 실재성을 자각하지 못하는 사람은 자신이 구원받기에는 전적으로 무자격인 존재라는 자각도 없다고 보았다. 자신의 '죄성'을 자각한 사람만이 그리스도의 십자가의 대속적 죽음에 의한 용서라는 신의 압도적인 사랑을 받아들일 수 있다는 것이다. 즉 "죄가 죄라는 것을 알아야 비로소 은혜가 은혜임을 알게 된다"(86쪽)는 것이다. 따라서 우치무라는 속죄론의 교리를 지성으로 승인하는 것으로는 아무런 의미가 없다고 보았다. 속죄는 자신의 삶에서 경험하고 체험함으로써 비로소 '사실'이 될 수 있었다. 그러한 체험이 없는 단순한 교리나 사상, 신앙개조로서의 승인은 무의미했다. '종교는 실존적 실험'임을 주장하는 그에게는 속죄 신앙이야말로 '주체의 실험'에 의해 승인되지 않으면 결코 진리가 될 수 없는 성질의 것이었다.

우치무라의 속죄론이 지닌 특징

이러한 우치무라의 속죄 신앙에는 몇 가지 특징이 있다. 먼저, 그리스도의 십자가의 죽음에 나타난 신의 정의와 사랑의 관계를 어떻게 볼 것이냐 하는 문제다. 그는 "그리스도의 구속 사역은 두 가지로 나뉜다. 첫째는 인류에게 완전한 삶을 가르치는 것이고, 둘째는 인류의 죄를 대신 짊어지고 제거하는 일이다. 전자는 구원의 최종 목적이고, 후자는 전자로 인도하는 필요 수단이다(벧전 2:21). 완전한 사람이 되려면 사람을 불완전하게 만드는 죄를 먼저 제거해야만 한다. 왜냐하면 죄에서 벗어나지 못한 사람은 죄를 범할 수밖에 없기 때문이다"(172쪽)라고 했다. 우치무라에 의하면, 인간은 신 앞에서 명백히 죄인이다. 그리스도의 죽음은 이러한 인간의 죄를 대속하기 위한 대속의 죽음이었다. 즉 그는 그리스도의 죽음을 인간의 죄에 대한 형벌을 대신 감당한 '대형대벌代刑代罰'로 이해했다. 그리고 이 '대형대벌'의 대속의 죽음은 "인류의 죄를 용서하기 위해 하나님의 공의를 만족"시킨 것이라고 보았다(180쪽). 우치무라는 기독교의 신은 인간의 죄에 정의의 분노를 발하면서도 그 분노를 완화시키기 위해 자기 아들을 십자가에서 죽게 했으며, 따라서 십자가의 의미는 인간의 죄에 대한 신의 공의로운 분노를 포함한 자기희생의 사랑이라고 생각했다. 십자가에서, 인간의 죄를 묻는 신의 정의와 자기 아들의 대속적 죽음을 통해 인간을 용서한 신의 사랑이 결합되었다고 보았다.

이와 같이 그리스도의 십자가 의미를 신의 정의와 신의 사랑이란 이원성에 의해 매개된 일원적인 사랑이라고 이해한 우치무라는 만약 신의 정의의 진노가 없어지면 신의 사랑만 남는 일원주의가 되어버리고, 이것은 실질적으로는 기독교 신앙의 폐기를 의미한다고 생각했다. 여기에서 그는 십자가를 신의 사랑으로만 보려는 신신학적 속죄 이해를 부정했다. 그는 이들 신신학은 악을 부분적 혹은 '선의 변체變體'로 보고 그 실재를 인정하지 않으나, 죄는 단순한 병적 의식의 몽상이 아니라 '사실 중의 사실'이라고 주장한다. 또한 죄의 실재를 부정함으로써 그리스도의 대속을 부정하는 신학의 십자가 이해는 "하나님의 자비에만 주목하고 형벌을 말하지 않는 것"으로, 이것은 십자가의 의미를 훼손시킨다고 보았다. "정의가 없는 하나님의 사랑은 참 사랑이 아니다"(90쪽)고 보았기 때문이다. 이렇게 그는 죄의 실재성과 구원에 있어서 인간의 무자격성 그리고 십자가에 나타난 하나님의 정의와 사랑의 이원성에 매개된 일원적 사랑이 승인되지 않을 때 속죄론의 진리는 심각하게 훼손된다고 보았다.

우치무라가 기독교의 신을 사랑의 신으로만 이해하는 것을 얼마나 격렬히 부정했는지는 그의 애제자 후지이 다케시(藤井

武)와의 속죄론 논쟁을 통해 다시 한 번 확인되었다. 우치무라가 가장 신뢰하던 제자 후지이는 1915년 말부터 우치무라의 조수로 일했다. 그는 〈성서 연구〉 1916년 3월호에 로마서의 대의를 다룬 "단순한 복음"을 기고했다. 그런데 우치무라는 후지이의 원고를 보고 경악한 나머지 "이것은 내가 가르친 복음이 아니다"라며 후지이에게 삭제를 요구했다.

그렇다면 우치무라를 경악하게 한 후지이 논문의 요점은 무엇인가. 먼저 후지이는 '대형대벌론'을 부정했다. 그는 대형대벌론은 "신을 정의의 신, 즉 분노의 신으로 보는 구약 사상에 근거한 것이다. 신은 정의의 신이다. 그는 죄를 증오한다. 따라서 인간이 지은 죄를 벌하지 않은 채 의미 없이 이것을 용서할 리가 없다. 따라서 그리스도의 죽음에 의거해 우리는 공로 없이 의롭다고 여김을 받은 것은 필경 그리스도가 스스로는 무죄함에도 불구하고 우리들의 죄를 대신해 신 앞에서 우리가 받아야 할 벌을 대신해서 받았기 때문이다"라는 입장인데, 이것을 명백한 오류라고 단언한 것이다.

나아가 그리스도의 복음을 신의 벌로 해석하는 이러한 '대형대벌'의 구약적 속죄론은 바울 사상과는 다르다고 주장했다. 로마서의 핵심은 '구원은 예수 그리스도의 십자가에서 나타난 신의 사랑을 믿음에 의거한다'는 것으로 바울은 신의 사랑만을 논하고 있지, '신의 분노'나 '벌'의 개념은 어디에도 없다는 것이었다. 그는 '신의 정의'라고 하면 죄를 구속하기 위해 벌이 필요하다고 생각하기 쉬우나 '신의 정의'는 '신이 우리들을 자녀로서 받아주는 것' 즉 "방탕한 자식이 회개하고 돌아오는 것을 기다리고 멀리서부터 달려와 안아주는 아버지의 사랑에 다름 아니다. 그리스도의 십자가에 의해 구원된다 함은 십자가에서 자신의 죄와 하나님의 사랑을 발견하고 회개하여 신의 자녀가 되는 것을 의미"한다고 주장했다. 이렇게 후지이는 신의 정의를 신의 사랑으로 해소시키고, 신적인 구원을 인간의 회개로 해소시켰다. 이러한 후지이의 십자가 이해는 1891년 신신학 논쟁에서 요코이 등의 십자가 이해와 궤를 같이했다. 자신이 지도하는 무교회 그룹 내에서, 그것도 애제자가 이러한 십자가 이해를 주장했다는 점에서 우치무라가 받은 충격은 실로 대단한 것이었다.

우치무라는 〈성서 연구〉 다음호인 1916년 4월호에 "신의 분노와 속죄"라는 논문을 썼다. 우치무라는 후지이의 견해에 대해 "나는 인류의 죄에 대한 신의 분노를 떠나 그리스도의 십자가를 생각할 수 없다"고 반론했다. 십자가의 그리스도 위에 인류의 죄에 대한 신의 진노가 나타났고, 신은 그의 죄 없는 독생자 위에 인류의 모든 죄를 대신하게 했다. 그리고 그리스도는 "인류를 대신해서 인류가 받아야 할 죄의 정당한 결과인 형벌을 스스로의 몸에 짊어진 것"으로 이 '대형대벌론'이야말로 복음의 핵심이라고 주장했다.

우치무라는 여기에 성서의 야훼 하나님의 '사랑'과 부처의 '자비'와의 차이점이 있다고 지적했다. 부처는 단지 무한한 자비로 인류를 구원하려 하지만, 야훼 하나님은 자비가 아닌 사랑으로 구원하려 했다는 것이다. 야훼 하나님은 인간의 죄에 노하는 진노의 신이요 정의의 신으로, 진노는 사랑의 특성이기도 하다. 따라서 죄의 문제를 해결하지 않고는 구원하실 수가 없다. 정의를 동반하는 '엄격한 사랑만이 진정한 사랑'으로 "의로운 벌을 거치지 않은 용서는 신뢰하기에 충분하지 않다"고 했다.

우치무라가 십자가의 의미를 이렇게 신의 정의와 사랑이라는 이원성에 의해 매개된 일원적인 사랑이라고 이해한 것은 기독교 윤리와 관련하여 중대한 함의가 있다. 기독교의 신에 대해서 사랑만을 강조하고 정의의 측면을 경시하거나 부정하면 개인이나 사회의 악을 죄로 인식하는 기준도, 그것을 비판하는 근거도 잃어버리고 만다. 신의 공의와 정의가 충분히 강조되지 않고 무시되면 거룩한 신 앞에 선 인간의 죄가 보이지 않게 되기 때문이다. 우치무라가 하나님의 정의를 역사 현실 앞에서 증거했던 구약의 예언자들에 지속적으로 관심을 가지며 스스로도 일본의 역사적 현실의 모순에 예언자적 비판과 항거를 계속했던 것도 그의 속죄 신앙에 나타난 신 이해와 밀접한 관계가 있다 하겠다.

우치무라 속죄 신앙의 두 번째 특징은 위의 문제와 깊은 관련이 있는데, 그가 구원에서 인간의 전적인 무자격성과 신의 절대적인 주권을 강조했다는 점이다. 그에 의하면, 죄인인 인류와 신의 '화해'는 인간의 회개에 의해 성립하지 않았다. 죄인인 인간에게는 그러한 자격이 없다. 화해는 신의 행위, 즉 그리스도의 십자가 죽음으로 비로소 가능해진다. 또한 죄인의 회개 자체도 그리스도의 죽음 없이는 일어날 수 없다. 즉 "십자가에서 죄와 죄인에 대한 신의 태도가 일변하여 죄인에게 진정한 회개가 일어남과 동시에 그 회개에 대한 면책의 은혜가 그에게 임하게 되었다는 것이다"(內村鑑三, "たまたま贖罪について", 《內村鑑三著作集》23卷(東京, 岩波書店, 1982), 366쪽). 결국 신과 인간의 화해는 인간 쪽에서의 행위로 이뤄질 수는 없고 신의 희생, 즉 신의 아들의 십자가 죽음이라는 신 쪽에서의 행위로만 가능하다는 것이었다. "나는 나의 선행에 의해 구원받는 것이 아니다. 나의 회개에 의해 구원받는 것이 아니다. 또한 나의 신앙에 의해 구원받는 것이 아니다. 나는 신이 그리스도에게서 성취한 죄의 소멸에 의해서 구원받는다. 참으로 구원을 위해 내 쪽에서 할 수 있는 일은 하나도 없다. 완전히 신 쪽에서 하는 일이다. …내 구원은 내가 아직 모를 때 나를 위해 이미 이루어졌다. 그리고 나는 단지 그 구원을 인정하고 그것에 들어간 것에 불과하다"(內村鑑三, "たまたま贖罪について",《內村鑑三著作集》23卷, 366쪽).

우리의 구원은 자기 신앙이 얼마나 열정적이고 오래되고 깊이 있는지에 달려 있지 않고 오직 그리스도의 십자가 죽음으로만 가능하다는 우치무라의 속죄론에는 철저하게 구원이 '우리 밖에extra nos' 있음이 강조된다. 그는 속죄가 인간의 믿음이나 회개의 결과로 해소되는 것을 철저하게 거부했다.

이와 관련하여 우치무라 속죄 신앙의 세 번째 특징으로 '만인 구원론'을 들 수 있다. 우치무라는 기독교 역사에서 '소수자 구원론(제한 구원론)'이 대세로, 종말에 모든 인류가 구원받는다는 '만인 구원론'은 소수파의 주장에 불과하다는 것을 알고 있었다. 그러나 그는 성서에는 만인 구원론의 근거가 되는 본문이

있을 뿐 아니라 무엇보다도 '자신의 실험'에 의해 그것이 이치에 맞을 수 있다고 보았다. 그는 "사람을 죽인 자, 간음한 자 역시 죄인의 우두머리는 아니다. 죄인의 우두머리는 나 자신이다. 하나님의 은혜를 입었으면서도 오랫동안 이를 남용하고, 선인 줄 알면서도 선을 행하지 않으며, 악인 줄 알면서도 악을 피하지 않고, 하나님의 성령을 종종 소망하면서도 그 뜻을 손상시켰다. 만일 멸망할 자가 있다면 내가 바로 그다. 나는 은혜를 입은 만큼 하나님에게 빚진 자가 되었다. 만일 만인이 구원받지 못한다면, 내가 제일 먼저 멸망할 것이다. 그러나 만일 내가 구원받는다면, 세상에 구원받지 못할 사람은 한 사람도 없을 것이다. 내 구원은 하나님 은혜의 시금석이다. 나는 나 자신이 구원받음으로써 만인의 구원을 확인하려 한다"(內村鑑三, "罪人のかしら", 《內村鑑三著作集》 14卷, 63쪽)고 말했다. 우치무라는 이처럼 '죄인의 우두머리'라는 자기 인식과 신의 은총 이외에는 구원받을 수 없다는 자신의 속죄 체험에 근거해 만인 구원론을 주장했다. 그는 자신의 개인적인 속죄 체험을 원체험으로 하여 '신의 은혜의 객관성'을 만인구제에 대한 보편적 희망으로 연결했다.

나아가 그는 '신의 은혜의 객관성'을 이렇게 말한다. "신에게 있어서는 그리스도의 십자가에 의해 인류의 저주와 멸망은 불

가능한 일이 되었다. 신은 인류 전체를 은혜의 망 속에 집어넣어 그 망 밖으로 탈출할 수 없게 했다"(內村鑑三, "戰場ヶ原に友人と語る",《內村鑑三著作集》16卷, 116쪽). 즉 멸망은 그리스도의 은혜 때문에 '불가능'해졌다는 것이다. 그는 '신의 은혜의 객관성'을 강조하여, 그리스도를 믿건 안 믿건, 그리스도의 이름을 들은 자이건 아니건, 선인이건 악인이건 모든 인간이 그리스도 안에서 구원받았다고 말한다. 그에게는 이 이하의 것은 복음이 아니었다. 사실 그리스도는 사람들이 그분을 알기도 전에 혹은 그분을 증오한 사이에도 이미 그들을 구원했기에, "그 이하의 사랑은 사람의 사랑이지, 신의 사랑은 아니다"(內村鑑三, "戰場ヶ原に友人と語る",《內村鑑三著作集》16卷, 116쪽.). 여기에서는 철저히 '은혜만으로 sola gratia'를 주장한 셈이다. 즉, '주체적' 실험으로서 원죄 체험의 깊이가 '신의 은혜의 객관성'이라는 신앙고백으로 나타나며, 신의 은혜에 대한 찬미가 논리적으로 만인 구원설로 표현되고 있다.

    십자가 이해에서 하나님의 공의와 정의를 누구보다도 강조하는 우치무라가 '만인 구원론'을 피력한 것은 흥미로운 일이다. 그의 만인 구원론은 논리적인 시비를 추상적인 결과로서 논하는 것이 아니라, 그 원체험을 형성한 신앙적 동기에 근거해서 볼 때 제대로 이해할 수 있다. 그것은 숙명론적이나 도덕적 이완으로서가 아니라 그 자신의 실험에 근거한 신의 은혜에 대한 신앙고백이라 하겠다.

마지막으로, 우치무라 속죄 신앙의 특징은 구원에서 신적 타율과 인간의 자율이 균형을 이루고 있다는 점이다. 이 문제는 행위와 믿음의 관계라고 할 수 있다. 만인 구원론을 주장하면서도 신의 절대적 주권에 의한 '오직 은혜로만'의 구원을 주장한 우치무라에게 도덕적 선행이 구원의 전제 조건이 될 수 없음은 명백했다. 그러나 그는 행위, 즉 도덕은 인간을 구원할 수 없지만 속죄 신앙에 이르게 하는 안내인 역할은 한다고 보았다. 앞에서 살펴본 대로 도덕적 완벽함을 추구해본 사람만이 인간의 '죄성'을 자각하고 그 결과 십자가에 나타나는 신의 용서를 받아들일 수 있게 되기 때문이다.

뿐만 아니라 우치무라는 속죄 신앙을 받아들여 구원을 경험한 사람은 그 자연스러운 귀결로 도덕적 삶이라는 열매를 맺게 된다고 보았다. 그는 "인간은 하나님의 용서를 경험하기 전까지는 다른 이를 진심으로 용서할 수 없다. 유한한 인간의 영혼이 무한한 하나님의 사랑을 여러 사람들에게 나눠주려는 행위는 바람직하지만 실천하기는 매우 어렵다. 먼저 내 잔이 넘쳐야 내 기쁨의 온기를 다른 사람에게 전해줄 수 있는 법이다. 사랑의 원천은 하나님이다. 내가 하나님을 인격적으로 만나게 되면서 나는 그분의 사랑으로 충만해지고, 그 사랑은 다시 내 안에서 이웃을 향해 흘러나가게 된다. … 이제 나는 도덕적 의무를 다하기 위해 악을 피하고 선을 행하는 것이 아니라, 그리스도의 사랑에 고무되어 선을 행한다. 말하자면 내 마음이 부요하고 넉넉하기 때문에 세상에 나눠줄 수밖에 없는 것이다. … 내 마음에 넘치는 이 은혜를 나누지 않는다면 나는 환희로 폭발할 것이다"라고 했다(155쪽). 우치무라는 '오직 은혜만'에 의한 구원을 주장했으나, 그가 말한 구원은 결코 도덕적 해이나 방종이 아니었다. 구원이 가져오는 환희와 기쁨은 도덕을 더 이상 '의무'가 아닌 '유희'로서 행할 수 있는 힘을 주고, 이때 비로소 진정한 도덕적 삶이 가능해진다고 보았다. 기독교의 이러한 믿음과 행위의 관계는 '애신주의愛神主義'로, 이기주의와 이타주의를 넘어 '남을 가장 이롭게 하면서 나를 가장 이롭게 하는 길'을 가르쳐주는 것이라 했다.

결국 우치무라에게 "그리스도의 속죄는 의를 사모하는 이의 휴식처이지 악인의 은신처가 아니다." 그는 "속죄는 도덕의 궁극이다. 도덕이 끝나는 지점이 종교가 시작되는 곳이다. 종교는 도덕 위에 있다. 도덕의 정수를 종교라 한다"고 결론지었다(189쪽). 이렇게 신의 은총에 의한 구원으로서의 타율과 그 결과로서 도덕적 삶을 행하는 자율이 균형을 이루고 있는 것이 우치무라의 속죄론의 네 번째 특징이라고 할 수 있다.

이러한 우치무라의 속죄론은 과도한 합리주의적 시대정신에 매몰되지 않으면서도 미신적 몽매주의에 빠지지 않고 정통적 기독교의 속죄론의 진리를 분명히 했다. 자신의 유한성을 자각한 자가 절대자 안에서 새로운 희망을 찾아내고 그 희망에 기초해서 자신의 유한성을 초월하는 기독교의 세계관을 분명히 한 것이다.

연보

우치무라 간조
內村鑑三, 1861-1930

1861. 3. 23	에도(江戶) 다카사키 번(高崎藩)의 무사 우치무라 요시유키(內村宜之)의 6남 1녀 중 장남으로 태어남.
1874	아리마 학교(有馬学校) 입학.
1875	도쿄 외국어학교(東京英語学校) 입학.
1877	우치무라 간조를 포함한 12명의 학생이 삿포로 농학교의 제2기생으로 입학.
	학교 설립자이자 교장인 윌리엄 클라크(William S. Clark)의 영향과 선배들의 권유로 기독교로 개종.
1879. 6. 2.	감리교 선교사 해리스(C. M. Harris)에게 세례 받음.
1881. 7.	삿포로 농학교 수석 졸업.
	홋카이도 개척사[권업과(勸業課) 어엽과(漁獵科)] 관리로 취업.
	친구들과 삿포로 그리스도교회를 건립하여 전도 활동에 힘씀.
1883. 4.	부패한 관료 생활을 보고 사표 제출.
1884.	요코하마 보통학교 학생이었던 아사다 다케와 결혼, 7개월 후 이혼.

1884. 11.	미국으로 건너감.
	펜실베이니아 주립 지적 장애인시설의 간호부로 근무.
1885. 9.	매사추세츠 주에 있는 애머스트 대학(Amherst College) 입학.
1886. 3. 8.	총장 줄리어스 H. 실리(Julius H. Seelye)의 영향으로 진정한 회심을 경험함.
1887. 9.	하트퍼드 신학교(Heartford Seminary)에 입학했으나 병으로 한 학기 공부하고 자퇴함.
1888. 5.	일본으로 귀국.
	니가타 현의 호쿠에쓰 학관 교장으로 취임했으나 선교에 대한 그의 원칙과 서양 선교사 사이의 불화로 교장직 사임.
	제일고등중학교(오늘날 도쿄 대학교 교양학부) 교사로 부임.
1889	요코하마 가즈코(橫浜加壽子)와 재혼.
1891. 1. 9.	제일고등중학교 불경사건[不敬事件: 천황이 서명한 새로운 '교육칙어(敎育勅語)'를 천황의 초상화 옆에 걸어놓고 그 앞에 머리를 숙여 경의를 표하는 의식을 거부한 사건]으로 해직당함. 이 때문에 언론의 집중포화를 맞았고, 기독교도 공격의 대상이 됨.
1891. 4. 19.	아내와 사별.
1892. 12. 25.	판사의 딸 오카다 시즈코와 결혼.
1893. 4. - 7.	구마모토 영어학교 교사로 근무.
1893	《기독교 신도의 위안》,《구안록》출간.

1894	《전도의 정신》,《지리학고(地理學考)》,《Japan and Japanese》출간.
1895	《후세를 위한 최상의 유물》출간.
	〈만조보万朝報〉영문판 주필 역임.
1889	〈만조보〉주필 사임.
	평론지〈도쿄 독립잡지東京獨立雜誌〉발행.
1900	〈도쿄 독립잡지〉폐간.〈만조보〉객원 기자.
	월간지〈성서 연구(聖書之硏究)〉창간, 30년간 문필 전도에 전력.
1903	고우도쿠 슈우스이(幸德秋水) 등과 함께 비전론非戰論 제창.
	〈만조보〉객원 기자 사임.
	성서 연구와 복음 전도에만 힘씀.
1921. 1.	김교신, 1927년에 귀국할 때까지 우치무라 간조에게서 배움.
1930. 3. 28.	도쿄에서 별세.